东莞市博物馆藏艺珍

东 莞 市 博 物 馆 编

文物出版社

总　序

罗丹曾言："世界并不缺乏美，只是缺少发现美的眼睛"。

东莞，一座创造了并继续创造着经济和社会发展奇迹的城市。在这个面积不过2,465平方公里的"弹丸"之地，在短短的30年间，历史巨变呈现了从贫穷到富庶的巨大反差，以至于许多人相信，东莞的今日，不过是历史的一个意外。

然而，欲理解一座城市的今生，就必须读懂她的前世。事实上，东莞历史悠久，文脉绵长。在经济的外表下，她有着穿越时空的人文魅力。虎门销烟，那缕融会历史悲凉与豪迈的硝烟弥漫延续至今。从近代再往前追溯，纵观各历史时期，东莞先哲乡贤在广东乃至国内外都产生了广泛的影响，他们的皇皇著述、仕履政声，为莞邑积淀了厚重的文化底蕴，他们的精神风范为中华民族增色添辉。尤其在明代，人才之盛可用"群星灿烂"来形容，难怪理学名臣丘濬在为东莞县所写的《重建儒学记》一文中要感叹："岭南人才最盛之处，前代首称曲江，在今世则皆以为无逾东莞者。盖入皇朝以来，逾百年于兹，领海人士，列官中朝长贰台省者，无几何人，而东莞一邑，独居其多"。

因此，东莞并非一些人所说的"文化沙漠"，而是人们没有意识到历史面纱掩饰下不断继承和成长的"绿洲"。在精彩纷呈的历史和现实面前，或许因为在经济与人文之间增量的侧重太过明显，议论一直存在。东莞在这一方面，继续广东那种讷于言而敏于行的姿态，做了再说。以至于在过往的历史变迁中，曾经"得风气之先"的东莞，涌现出的是人们对它的陌生和惊异，乃至种种争议。所以，解读和阐析东莞背后的人文根脉，需要有一种"发现"的精神和素养，需要挖掘隐藏在堆积如山的典籍及文物中的历史精髓，对于文物工作者而言，责无旁贷。

东莞市博物馆的前身是创建于1929年的东莞博物图书馆，与有着80年历史的老馆——广州博物馆同为我国早期创建的博物馆，作为东莞市属唯一的综合性博物馆，担负着当地文物收藏、保护、研究、宣传和教育的职能，是东莞博物馆之城建设中藏品托管与保护的基地。80年也许并不算长，但在这段时间里，通过历年的考古发掘和文物征集，东莞市博物馆积累了较丰富的馆藏文物，其中不乏精品。更重要的是，这些珍贵的文物，大多都是东莞文明与历史传统的见证物。

我们欣喜地看到，东莞市博物馆以馆藏文物为依托，结合研究课题，编辑出版《东莞市博物馆丛书》。这套丛书，旨在记录千年莞邑的发展历史，挖掘她不为人所熟知的人文魅力，让东莞的现代文明在这份底蕴深厚的文化遗产的孕育下，焕发出勃勃生机。

编辑《丛书》是一项以弘扬东莞传统历史文化为宗旨的长期的文化建设工程。东莞市博物馆在深入研究的基础上，拟推出"馆藏系列"、"地方史论"、"考古研究"、"陈列展示"等类别。从2008年开始，"馆藏系列"陆续推出"碑刻"、"玉器"、"陶瓷"等专集。《丛书》以学术性、资料性和可读性相结合为特色，兼顾地方特点，体例科学，方法创新，文质兼美。同时，也希望《丛书》的出版能够在全省的文物工作中起到一定的引领推动作用。

　　历史的背影虽然已经远去，但其气息并未消散。我们希望《东莞市博物馆丛书》能够依稀勾勒出这座城市的历史轮廓，能够轻轻地提醒人们放慢脚步，去了解自己所在的城市，同时也能穿过浮华的表象，感悟她厚重的历史文化底蕴。

广东省文物局局长　苏桂芬

前　言

文物是文化的产物，不同的文化产生不同的文物，留存至今的文物都是历史长河中同类物品的幸存者。只有文物能够突破时间和空间的限制，给历史以可以触摸的质感，并成为历史知识与历史形象的载体。文物所具有的认识作用、教育作用和公证作用，构成了文物特性的表现形式。今天东莞市博物馆的藏品就发挥着这样的作用。

东莞市博物馆是一个有着80多年历史的老馆，从无到有，从小到大，藏品不断丰富，门类不断齐全，终于达到了可以编辑出版系列丛书的水平，这中间，除了有故宫博物院和广东省博物馆，以及社会热心人士在藏品方面的支援，更可贵的是，我们可以从中看出，东莞市博物馆人那种爱岗敬业、奋发图强的精神。这里所标的"艺珍"，即指本馆藏品中的杂项类文物。什么是"杂项"？很难下一个准确的定义。因为对任何一类文物的概括都有例外，杂项岂不加个"更"字！有一次国家文物鉴定委员会开会时，一位领导问我："有没有一个名称可以代替'杂项'？"我说："'杂项'的叫法只是一个习惯，并不科学，如要取代它，可以叫做'小项'。因为外语中除英、法、德、俄外，统称'小语种'，我们可以借鉴。"现在好了，东莞市博物馆给杂项换了个名字，叫"艺珍"，当然这也只是一个"爱称"，如能叫开了，也算是东莞市博物馆的一大贡献。

明朝董其昌著《骨董十三说》中解释说，不便分类的杂古器物统称"骨董"。清朝末年，又称"骨董"为"古玩"，"古玩"又囊括了铜、玉、瓷和书画、碑帖等等，"骨董"一词已不再是董其昌所定的内含。好在东莞市博物馆人一切从实际出发，将本馆藏品分别编选了碑刻、玉器、陶瓷等，都已独立成卷。他们又本着杂中求专、杂中求精的原则，从近300件馆藏杂项中选了82件时代明确、品味浓郁的藏品集萃成"艺珍"，包括珐琅玻璃器、漆器、银器、竹木雕塑、牙角骨贝雕、石雕、家具、印章文字、织绣等项。每项按年代序编，并附专家论文，每件藏品的文字说明言简意赅，精准到位。本卷所收"明代张希贤夫妇诰命"为万历十年，大内裱褙匠金贵、织匠王忠等人制成的五色朵云纹锦。卷首有篆书"奉天诰命"四字，字体隽秀，字迹清晰，加盖"制诰之宝"大方印，保存完好，历史信息丰富，具有特别重要的历史和艺术价值。"艺珍"文物具有很强的观赏性，几乎涵盖了社会生产、生活中各个方面，绚丽斑斓，千姿百态，凝聚着中华民族的情感、理想和文化特征。

从馆藏"艺珍"中，可以看到上至皇家贵族，下至平民百姓的多元文化内容。玲珑精美的广式刺绣、牙雕、木雕，多出自19世纪的广州十三行。那都是当年的外销工艺品，其风格样式既符合买受方的审美情趣，又注入了中国工艺的精华，成了中西贸易和文化交流的历史凭证。

"艺珍"内涵丰富，具有很高的学术性。既可从中学到广博的知识，又能提高文物的鉴赏水平。此书的出版，给广大读者奉献了一道精致的文化美味。

诚愿读者享用，并提出宝贵意见。

国家鉴定委员会委员　　刘东瑞

目 录

图版

珐琅 玻璃器

珐琅器，是以珐琅为材料装饰而制成的器物，用石英、长石为主要釉料烧炼成五彩缤纷的珐琅制品。按制造方法和工艺特点，可分掐丝珐琅和画珐琅两大类。掐丝珐琅，俗称『景泰蓝』，清代以康熙、乾隆时最为繁荣。掐丝珐琅器是在金属胎上描绘图案轮廓线，然后用细金属丝掐出形状烧焊在轮廓线上，再于空白处填施各种颜色的珐琅釉料，经过烧蓝、磨光、镀金等工艺加工而成。画珐琅，俗称『洋瓷』，是用珐琅釉料直接在金属胎上作画，经烧制而成，富有绘画趣味。

玻璃，古代也称琉璃，是一种透明、强度及硬度较高的不透气物体，在常温下呈固体，易碎，摩氏硬度为6.5。中国制造玻璃的历史，可追溯到西周时期，汉代，玻璃的烧制已经成熟，清代达到顶峰。

1　铜胎掐丝珐琅万寿无疆纹盘　清乾隆

高4.6、口径16.5、足径9.8厘米。

一对。敞口，弧身，圈足。铜胎镀金。外壁施浅蓝色珐琅釉为地，上饰篆书"万寿无疆"四个字及缠枝莲纹。口沿及足下各錾有回纹及夔龙纹和莲瓣纹。底錾阴文"子孙永宝"四字篆书款。此类"万寿无疆"盘为宫廷寿宴用器，乾隆时期的遗存较少，被视为珍品。

2 铜胎掐丝珐琅万寿无疆纹碗 清乾隆

高7.5、口径16.5、足径9.5厘米

一对。敞口，深腹，圈足。铜胎镀金。外壁施浅蓝色珐琅釉为地，上饰篆书"万寿无疆"四字及缠枝莲纹。口沿及足下各錾有夔龙纹和莲瓣纹。底錾阴文"子孙永宝"四字篆书款。此类万寿无疆碗为宫廷寿宴用器，乾隆时期的遗存较少，被视为珍品。

3 铜胎画珐琅葫芦花纹高足盘 清晚期

高8.9、口径14.4、足径7厘米

一对。撇口，浅身，高足。通体施黄色珐琅釉为地，上绘葫芦花纹，寓意和谐美满。盘下施浅绿色珐琅釉为地，并绘有三只红色蝙蝠，寓意幸福绵长。此高足盘色彩素雅，画工精细，釉色细腻光滑。

4　铜胎画珐琅葫芦花纹高足碗　清晚期

高12.4、口径16、足径9厘米

一对。敞口，弧身，高足。通体施黄色珐琅釉为地，上绘有葫芦花纹，寓意和谐美满。碗内施粉色珐琅釉，色彩素雅，画工精细，釉面细腻光滑。

5　铜胎掐丝珐琅双龙戏珠纹双耳罐　清晚期

高7.8、口径7.2、底径7厘米

直口，丰肩，双耳。腹下渐收至足外撇，铸双耳，掐丝珐琅装饰，罐身饰双龙戏珠纹，配有木座。

6 铜胎掐丝珐琅花鸟纹榄形瓶 清晚期

高17.6、口径6、底径5.5厘米

一对。撇口，束短颈，溜肩，高弧身，圈足。瓶身饰花鸟纹，为北京官作。

7 铜胎掐丝珐琅双龙戏珠纹高足杯　清晚期

高16.2、口径11、底径8.8厘米

直口，深腹，喇叭形高足。通体施黑色珐琅釉为地，外壁
饰双龙戏珠、缠枝花卉和云纹等。此杯釉色光洁，小巧秀
美，所饰花纹掐丝活泼，线条流畅，画工精细。

8 透明宝蓝色双耳玻璃瓶 清中期

高25、口径9.6、底径7.5厘米

一对。素身,撇口,溜肩,平底。颈塑云耳,透明宝蓝色。

9 浅蓝色玻璃素身碗 清同治

高6.3、口径14、底径6厘米

一对。素身，直口，弧身，浅圈足，浅蓝色，色匀净素雅。外底刻楷书"同治年制"二行四字款，为清宫廷作品。

10　水晶玻璃山水诗句六棱鼻烟壶　民国

通高7厘米

六棱形，直口，折肩，高身，内绘山水人物图，"古岗樵"款。

古岗樵，广东新会人，晚清至民国时期画家。

11 仿乾隆款铜胎蓝底描金山水盘 清后期

高3.2、口径17、底径11厘米

撇口，弧身，圈足，蓝色底，盘内描金山水鹿纹。外底金彩篆书
"大清乾隆年制"三行六字款。

漆器

用漆涂在器物表面制成的器具及工艺品，一般称为『漆器』。从新石器时代起中国就认识了漆的性能并用以制器。历经商周直至明清，中国的漆器工艺不断发展，清朝，特别是乾隆年间，漆器生产达到历史最高峰，取得了辉煌的成就。

在长期的生产实践中，各地民间漆艺作坊，逐渐形成了具有鲜明地方特色的漆艺门类，如：苏州的雕漆，扬州的漆镶嵌，福州的脱胎漆和仿洋漆，潮州、浦田、青田的木雕金漆，贵州的皮胎漆，山西、陕西的款彩漆等等。品类众多、异彩纷呈，呈现出百花齐放的崭新局面。

12 朱黑漆胶胎雕松木纹砚 明

通高4、纵14.4、横10厘米
砚为长方形，全砚用朱漆和黑漆混合捶打形成自然的木纹，再雕琢松木纹塑砚形，此砚漆色深沉古雅，图纹自然简练，艺术风格独特。

13　剔红开光携琴访友图倭角方盒　清中期

高18、口径23.5×16.8厘米

倭角方形。通体髹朱漆，盖面回纹锦地开光，内刻"携琴访友"图。盒壁四面开光，内花卉纹，外杂宝纹。上下口沿及圈足雕回纹。盒内及底髹黑漆。此盒髹漆厚重，造型别致，雕刻刀法严谨，立体感强。

14　漆木雕箔金方形室炉罩　清中期

通高31、面径24×24厘米

方形。罩镂雕花鸟纹，饰箔金。座镂雕钱纹、叶脉纹、花草纹。
云形四足，下托底板。工艺精细，造型美观。

15 戗金彩漆云龙纹菊瓣式捧盒 清中期

高17、口径44×36厘米

菊瓣形。圈足，通体红漆地戗金彩漆花纹，盖面饰回纹作圆形开光。戗金用黄、深绿、浅绿、大红等色描绘五龙戏珠及云纹，盒壁上下绘形态各异的龙纹，上下口沿雕有云纹。此盒画工精细，笔法流畅，色彩富丽，纹饰生动，工艺与绘画完美结合。堪称苏州漆器艺术之典范。

16　戗金彩绘勾莲纹唾壶　清中期

通高8.5、口径9.3、底径10厘米

圆形。通体髹黄漆，盖面及壶边戗金彩绘回纹和勾莲纹，壶内髹黑漆。唾壶是宫廷日常生活用品之一，此唾壶造型小巧玲珑，实用美观。

17 剔红云龙戏珠纹圆盒　清中期

高21.2、口径27×18.5厘米

圆形。上收成平顶，圈足。通体髹朱漆，盖面饰回纹作圆形开光，盖面雕饰云龙纹，盒身上下雕饰视双龙戏珠纹，上下口沿及圈足雕有回纹，盒内髹黑漆。此盒造型庄重，图案布局严谨，雕刻一丝不苟，具有典型的宫廷艺术风格。

18　剔红人物山水图方盒　清中期

高6.7厘米，口径14×6厘米

八方形。通体髹朱漆，盖面回纹锦地开光，开光内雕刻竹林、山石、木桥，人物故事，盒壁饰回纹。盒内及底髹黑漆。此盒漆色鲜艳纯正，雕刻纤细精致，刀棱外露。

19　彩漆长寿富贵凤凰牡丹纹花口贡盒　清

高11、直径47厘米

葵花形。上下对开。通体髹朱漆为地，盖面中心彩绘凤凰纹和回纹，周围各绘四朵牡丹和四个寿字相衬，有长寿富贵之意。盒壁饰有蝙蝠纹、寿字纹、桃纹等，盒内及底髹黑漆。

20　彩漆戗金凤鸟花卉纹长方盒　清

通高6.3、长30.3、宽16厘米

长方形，子母口。通体髹朱漆为底，用红、黑等色填饰花纹，并戗金纹理。盒面雕黄色"卍"形锦地，饰凤鸟花卉纹，刻一周连续回纹。上下口沿绘"卍"字锦地，饰缠枝花卉纹。盒内髹黑漆，盖内金书"大明宣德年制"楷书六字阴文款。

21　彩漆描金人物故事图棋盒　清

通高15.5、口径14、底径18.5厘米

八角形。直口，鼓腹，喇叭形圈足，子母口。盒盖绘寿星图，盒身绘人物故事图，足绘缠枝纹。盒为盛装围棋子之用。

22 紫地描金彩漆折枝花卉纹碟 清晚期

高3、口径13.5、底径8.5厘米

圆形。撇口，圈足。通体髹紫红漆，内外壁饰描金彩漆缠枝花卉纹。具有典型的贵州漆器艺术风格。

23 金漆彩绘九儒图梅瓶 清晚期

高27.3、口径6.3、底径6.5厘米

一对。撇口，束颈，丰肩，敛腹，平底，下托三足木座。通体以金漆为地，用淡绿、红、
黑、紫、银灰等色漆描绘通景人物山水。远景层峦叠嶂，松枝繁茂，近景九位老者形态各
异。此对梅瓶为福建脱胎漆器，胎体轻巧，色彩鲜艳，具有鲜明的地方特色。

24　漆绘福字梳妆盒　民国

高7.2、直径28.1厘米

圆形。通体髹朱漆，盖面双圈锦地福字形开光，内彩绘孔雀牡丹
纹，旁刻有"下九西路，联聚巧制"楷书款。盒壁绘杂宝纹。盒内
分成花形七隔。盖内墨书"陆奁"二字。

银器

银器指用银制成的物品。从目前考古发现来看，中国银制品最早可推至4000多年前的夏代。银器类型多种多样，涉及范围非常广泛，从其用途看，可分为生活器皿、宗教用具、殡葬用具、医药用具、服饰、银币、兵器等。从其来源看，大致可分为传世和出土两类。从其历史内涵来看，主要涉及政治、经济、军事、宗教、艺术、科技等多个方面。

25 银錾花叶形勺 唐

长29.5厘米

叶形。柄呈弧形，蛇头柄首、柄背錾花缠枝纹。勺作树叶形，饱满可见叶脉茎，勺背錾花缠枝纹。纹饰精美，造型灵巧。

26　银镀金镂空名片盒　19世纪

纵9.2、横6.4、厚1.2厘米

长方形。整器镂空，饰缠枝花卉纹。盒盖上方有一椭圆
形片，用于刻写名片主人姓氏。制作精细考究，为广州
外销工艺产品。

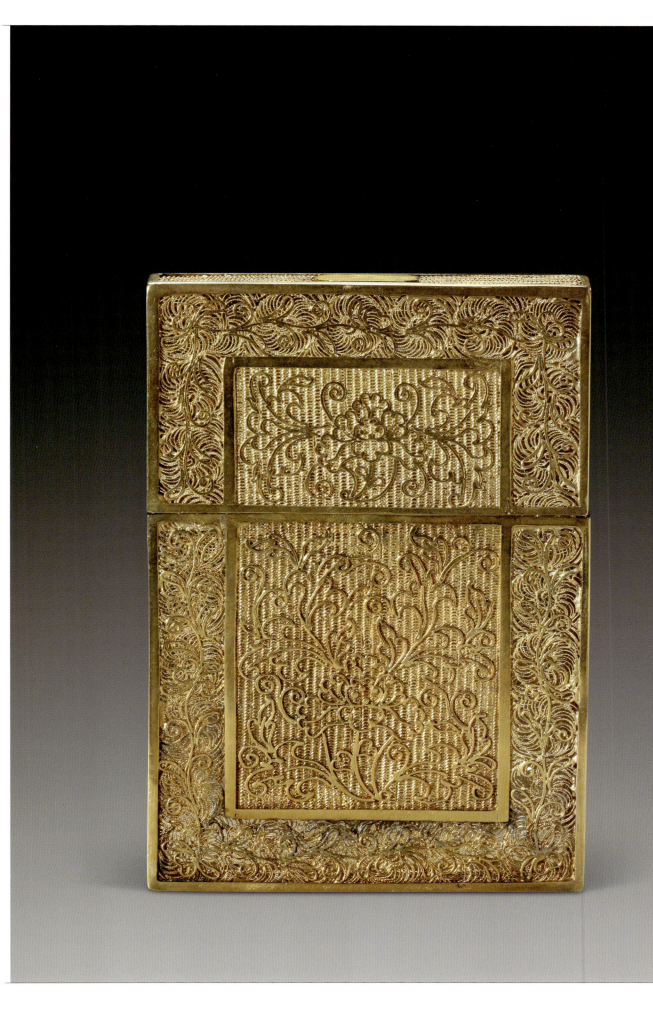

27 银制家居用品小摆件 民国

床高2.5、长4.8、宽2.1厘米

银打制成形。有床、圆桌、靠背椅、长 、拖鞋等。小巧
别致，用于家居陈设，为东莞工艺作品。

28　银制厨房用品小摆件　民国

灶台高5.5、长5.7厘米

银打制成形。有灶台、炉、锅、锅盖、锅铲、鱼、砧板、菜刀、勺、水桶，扁担等。小巧别致，用于家居陈设，为东莞工艺作品。

29　银制农耕工具小摆件　民国

石磨高5.3、长6.1厘米

银打制成形。有石磨、草帽、喇叭、镰刀、水臼、锄头、锤、犁、叉、耙等。小巧别致，用于家居陈设。为东莞工艺作品。在石磨架座上刻有："东莞石龙文记"款，另钤两印，印文不识。

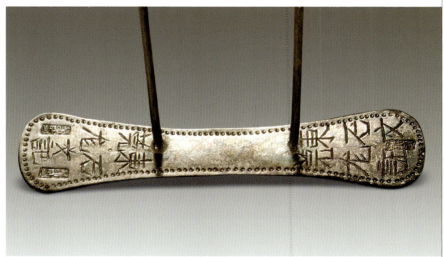

30　银制状元巡游小摆件　民国

轿高5.3、长14.5厘米

银打制状元巡游场景。内有敲锣、持幡、抬轿等共13人，富于生活气息，小巧别致，用于家居陈设，为东莞工艺作品。抬轿人座上刻有"东莞到滘"款，到滘即现东莞道滘镇。另钤两印，印文不识

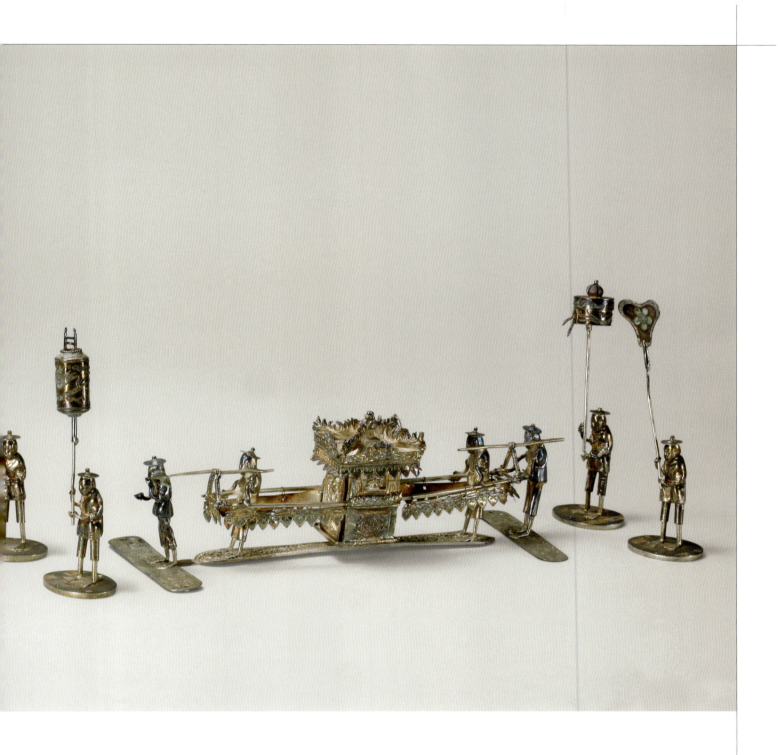

竹木雕

距今7000年前的河姆渡遗址出土了一批竹、木、牙、角制品，说明中国很早便开始利用竹、木、牙、角制造生产工具、生活用品和装饰用品，竹、木雕刻工艺通常被视为同一门类，虽然材料不同，表现手法也有区别，但从雕刻工艺手法看，两者有着更多的相似之处，许多著名的刻竹名家同时也是木雕能手。用于雕刻的竹子主要有毛竹、斑竹、棕竹和方竹等，用于雕刻的木料常见的有紫檀、黄花梨、乌木、黄杨木、楠木、桦木、檀香木、沉香木等。竹木雕发展到明清两代，达到了历史最高峰，出现了金陵和嘉定两大派系，涌现出明代的濮澄、朱鹤、朱缨、朱稚征、侯崇曾、沈大生、秦一爵、张希黄、江福生，清代的吴之璠、封锡爵、王易、周颢、封绵周等名家。

31 紫檀雕素身六方形笔筒 明

高15.6、直径14.4厘米

六方柱形。素身。由六块同一个紫檀木上的材料拼接而成，六方倭角，筒壁稍内曲，俯视筒口如花形。制作简朴，美观大方。

32　竹雕教子图香筒　清早期

高17.2、直径4.4厘米

圆柱形。身修长，镂雕通景"教子图"。图中花园假山栏杆处，一妇女在树下教子吹笙，画面恬静和谐，布局紧凑，雕刻精细。

正　　　　　　　　　背

33　竹雕竹林七贤图凉筒　清中期

高22、口径6.8厘米

身修长，镂雕通景"竹林七贤"图，画面奇石重叠，松树挺拔，竹林深远，工艺精湛。凉筒为搂于胸前降温之器。

34 紫檀雕树头形香筒 清

高10.5、口径8.6、底径7.8厘米
紫檀树头随形雕琢而成，简洁质朴，此为存放香道工具
之器。

35　黄花梨素面笔筒　清

高16.5、口径16.5、底径16厘米

圆柱形，素身。圆口，束腰，浅圈足，木纹纹理清晰。

36　漆黄杨木斗　清同治

高12.3、口径8.5、底径11.8厘米

喇叭形。上小下大，饰双耳。口外沿刻阳文行书"同治
乙成忠臣立记"八字。器身雕刻阳文行书"较斗行政"
四字，髹朱漆。外底刻太极图，周围附阴文行书"同治
四年冬月成忠臣立记"款。

37　竹雕鱼藻纹笔筒　清晚期

高13.4、口径9.5厘米

圆柱形。圆口，直身，三乳足。身刻双鱼水藻纹，刀法犀利，线条流畅。

38　檀香雕寿字纹如意　清晚期

长27.5厘米。如意形
如意形。用整条檀香木雕琢而成，整器镂雕60个"寿"
字。构思奇巧，工艺精细。

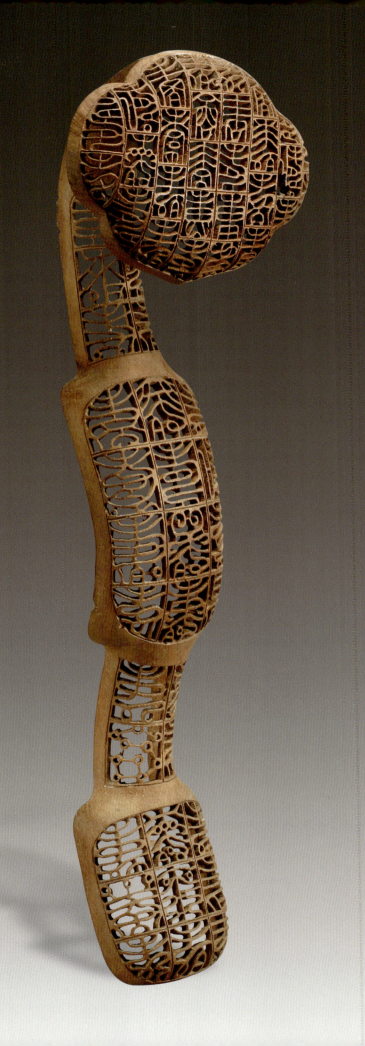

39　彩漆描金木雕狮子灯座　民国

高27厘米

灯座呈荷叶形高足碗式，彩漆描金，座下一圆雕狮
子为托，饰箔金。狮子下承六角形二层台座，黑漆
描金弦纹。此器本应一对，为佛前灯座。属福州工
艺作品。

40　漆木雕箔金菱形攒盒　民国

通高46.5、纵16、横47厘米

平面呈菱形。分三层叠放，镂雕人物故事和花鸟瑞兽纹，狮子承六足，平板底托。此器一般为神龛供物，属潮州工艺作品。

41 香木灰塑八仙像 清

高22.5厘米

8件，用香木屑添加粘剂堆塑而成。八仙造型生动，神态各异。香木灰塑工艺宋代已出现，多见佛教造像，此为道教造像。

牙角骨贝雕

牙雕是一门古老的传统艺术，早在7000年前的新石器时代就已出现。唐代，牙雕发展出新的雕琢技法。至明清两代，雕琢技艺达到鼎盛，尤以乾隆年间最显著。

清代牙雕形成南北两大派系。北派指北京牙雕，主要为宫廷制品，雕刻工艺细腻，纹饰多仿绘画笔意，着色填彩讲究章法，具有华丽富贵、纤细典雅的风格；南派指广州牙雕。料出滇南和粤西，多制作梳子、簪、环及文玩等，作品侧重雕工，讲究雕刻和漂白的结合，以质白莹润、精镂细刻、玲珑剔透见长。

象牙与角、骨、贝性质虽然不同，形状各异，但作为雕刻工艺，它们尚属同一类别。

42 象牙笏 明

长43、厚1.5厘米

此笏上宽下窄，素身，纹理清晰，系明代之物。笏兴于周废于清，为官阶地位的象征。

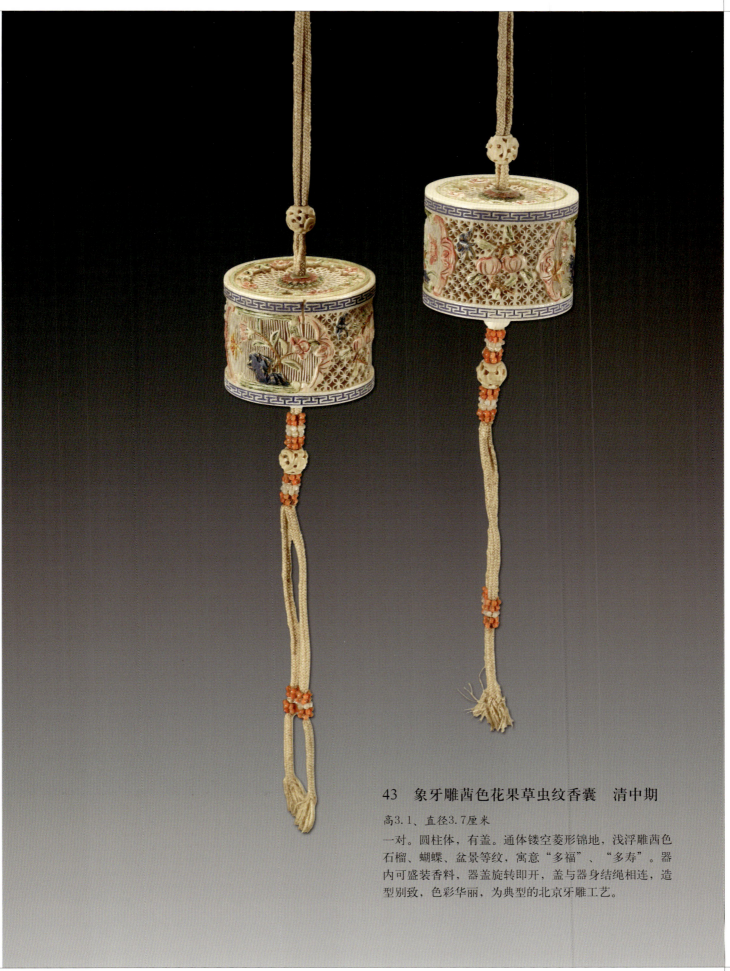

43 象牙雕茜色花果草虫纹香囊 清中期

高3.1、直径3.7厘米

一对。圆柱体，有盖。通体镂空菱形锦地，浅浮雕茜色
石榴、蝴蝶、盆景等纹，寓意"多福"、"多寿"。器
内可盛装香料，器盖旋转即开，盖与器身结绳相连，造
型别致，色彩华丽，为典型的北京牙雕工艺。

44　象牙雕茜色蝴蝶纹石榴盖盒　清中期

高10、宽6.5、厚2.6厘米

一对。石榴形，子母口。身浮雕石榴、蝴蝶、缠枝花纹。此器以浮雕和茜色技法雕刻，一气呵成，精巧有趣，属北京牙雕工艺。

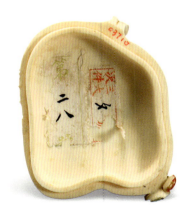

45 骨雕人物风景图饰件 清中期

高9.2、上宽2.2、下宽6.3厘米

扇形，上窄下宽。通体镂雕锦地人物花鸟图，薄
如蝉翼。纹饰简朴大方，刀法圆润流畅，上下两
端各有一孔，为镶嵌饰件，属广东牙雕工艺。

46　象牙雕龙纹直身筒　清晚期

通高15.3、直径2.1厘米

圆柱形，有盖。筒身深浮雕两条飞龙，腾云驾雾，首尾相接，凤凰、飞鸟、蝴蝶穿插其间，筒两端刻菊瓣纹。此筒为盛装中医银针之物，属广东牙雕工艺。

47 象牙雕人物长盒 清晚期

高2.2、长21.7、宽4.4厘米

长方形。盒盖、底各有海棠花形开光,内饰多层浮雕人物、古树、山石及亭台楼阁,雕工繁复,人物形象生动活泼,属广东牙雕工艺。

48　象牙雕龙纹圆盒　19世纪

通高6.2、口径2.6、底径3.1厘米

一对。圆柱形，子母口。器身浅浮雕云龙纹，两盖上分别穿有字母"S"和"P"形小孔，应为装调料用品。此器小巧精致，具有广东牙雕工艺特征。

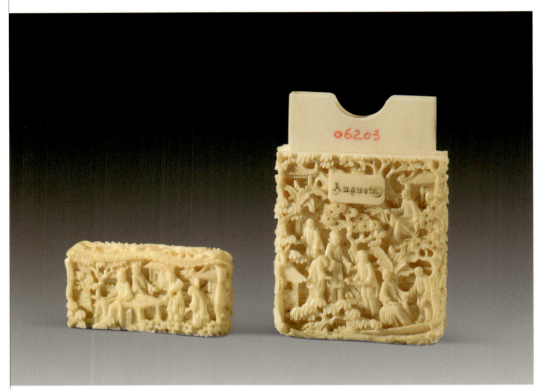

49 象牙雕人物柳亭图名片盒 19世纪晚期

通高9.2、宽5.4、厚1.4厘米

长方形。器面皆用镂空雕刻，生动地刻画出人们在亭园游览嬉戏的情景，雕工精细，画面密而不繁，正面刻有"Augusta"的字样。此器是19世纪晚期广东外销象牙雕刻的上乘之作。

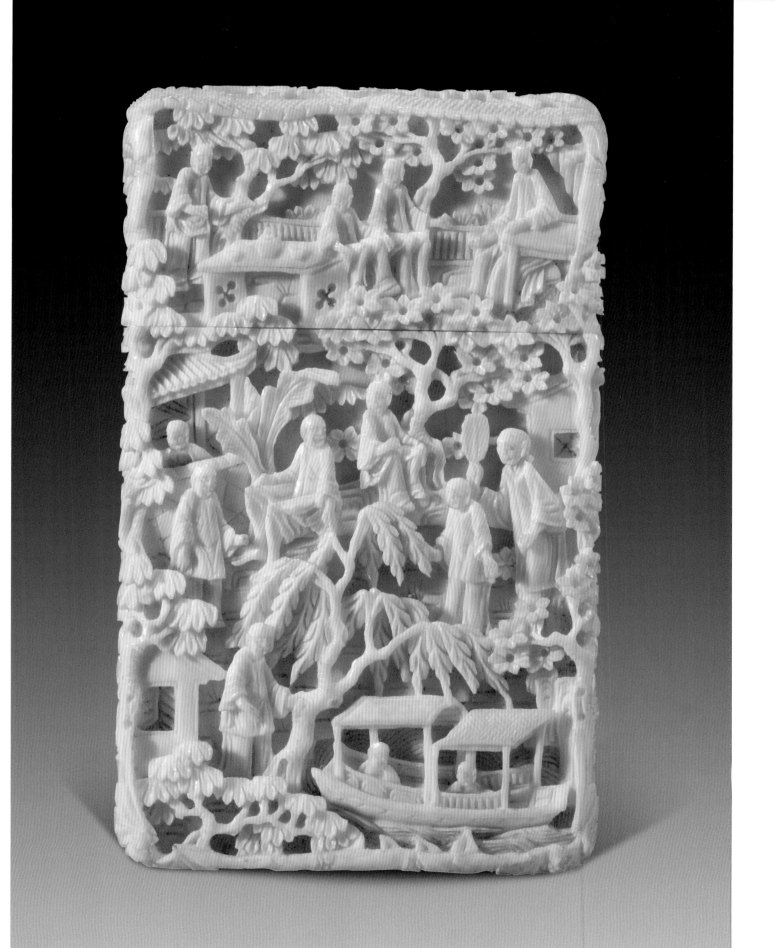

50　犀角雕树根形杯　明

高 8、口径11.5厘米
喇叭形。敞口，外壁随形雕琢如树根，
纹饰简练质朴。

51 玳瑁雕山水人物圆盒 19世纪

高2.7、直径10.8厘米

圆形。直口，浅身，平底，子母口。器壁浮雕花鸟
纹，盖面浮雕市井人物故事图，边缘饰一圈回纹，
为广东外销工艺产品。

52　贝雕人物故事摆件　19世纪

高20、横24.5厘米

一对。珍珠贝随形。贝内浅浮雕市井人物故事图，配
镂空木雕花枝纹座，为广东外销工艺产品。

53 象牙杆铜戥子 民国

长35.8厘米

象牙杆，有刻度，杆头镶铜准针，下连铜钩和铜圆盘，配琴式木盒，有竹编圆扣，盒内贴椭圆形商标印纸，上书"□□广州市油 直街精造著名金□天平□□，简同兴"。为称量贵重物品或药物的衡器。

石雕

中国石雕艺术始于旧石器时代中期，成熟于魏晋，盛于唐。可分为大型摩崖建筑石雕和赏玩性小件石雕工艺品两大类，本书涉及的主要是第二种。赏玩性石雕，从宋代开始日渐兴起，至南宋逐渐形成大观，明清两代，达到顶峰。

54　镇象石经幢　南汉大宝五年（962年）

通高397、直径105厘米

塔形。从下往上由首层须弥座、二层须弥座、幢柱、圆鼓座、四方塔等五层组成。其中幢柱用花岗岩料，余皆采用砂岩。二层须弥座八开光，内浮雕神像，圆鼓座底面莲瓣内浮雕瑞兽纹。幢柱为八角形，高178厘米，刻《佛顶尊胜陀罗尼经》文，原有千余字，现存302字。

55　寿山白芙蓉雕沉思观音像　清中期

高14.5厘米

寿山白芙蓉石圆雕，墨描眉发。观音右手握佛珠，左手持经卷，低
眉静坐。石质洁白莹润，配红木座。

56　浮雕水族螺形砚　清

高8、面22×15.5厘米

螺形。圆形砚池，周边浮雕虾、蟹等水族生物，造型别致，妙趣横生。

57　圆雕蟹洮河砚　清

通高3.8、最大径13.8厘米

蟹形，圆雕。蟹肢紧收，蟹背为盖，蟹身作
池。砚泛青绿，系甘肃省洮河产石。

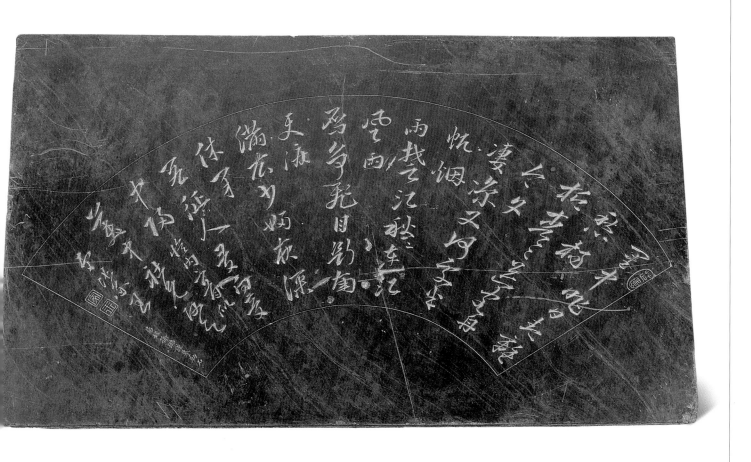

58 石刻张家玉"怀内"诗扇面帖板 清道光

纵33、横54、厚4.7厘米

长方形,青石。浅刻一扇形,内刻行草张家玉《怀内》诗文两首。扇面
原件为可园主人张敬修所藏,道光时东莞篁村人张璐摹刻于石,镶嵌于
东莞博厦张氏大宗祠壁;后移至东莞市博物馆收藏。

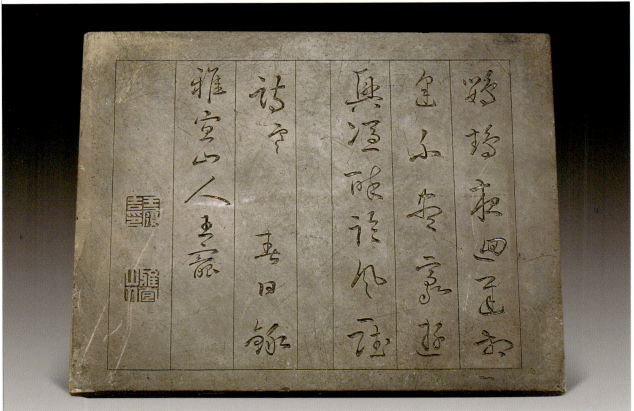

59　石刻王宠行草七律研帖板　清

纵27.5、横22.2、厚1.7厘米

七方。端石，阴刻草书诗句共234字。王宠，明代书法家，工篆刻，善山水花
鸟，尤以书名噪一时，书善小楷，行草尤为精妙。

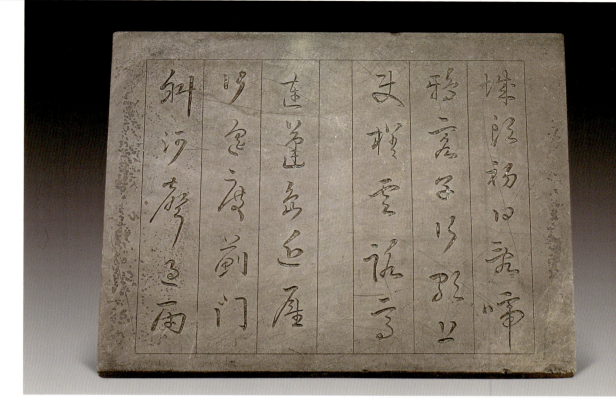

60 寿山芙蓉石雕十八罗汉 清晚期

高9厘米

18尊。芙蓉石。圆雕，罗汉坐姿，眉毛、胡须和头发用墨
彩描绘。神态各异，生动传神，配木座。

61 矿砂结晶端石雕"隆中图"砚 民国

厚3.5、纵22、横21厘米

随形，面有矿砂结晶体，浅浮雕亭台楼阁人物山水图，湖面作砚池，明月作笔舔。边款："乾城金石出画杨介明刻"和"乾城石启贵敬赠"。乾城为今湖南省吉首市；石启贵（1896～1959年），吉首乾州人，苗族，民族学家。

家具

古典家具主要指木质家具，多以紫檀、黄花梨、鸡翅木、乌木、铁力木、酸枝木等为原料。因受材料的限制，目前保存下来的古典家具以明清两代为主。明式家具造型简洁、单纯、质朴，强调家具形体的线条，古朴典雅、隽永大方。清式家具崇尚富丽华贵、繁雕盛饰，与明式家具形成了强烈对比，根据制作工艺与风格，可分为京做、苏做、广做、贡做、宁做、晋做等几大类。

62　紫檀素身提盒　清中期

通高22.5、纵31.4、横15.5厘米

紫檀制作，素身。盒分三层，顶盖内有一孔，用于插铜棍固定盒盖。上有提梁，下连平板底托，提梁两侧有护板站牙。

63 黄花梨素身镜奁 清中期

高16.5、长27.7、宽27.5厘米

正方形。素身，共两层，上层为盒盖式，可折叠，内原有玻璃镜，镜缺。下层为双门柜，柜内分为两层，分装三个推拉抽屉，两侧有铜提耳。配如意纹铜锁扣，为梳妆用品。

64　紫檀素身首饰盒　清中期

高6.5、纵20.8、横11厘米

长方形。紫檀制成，素身。盖面四角饰如意形
铜包角，配海棠花形铜锁扣。

65 紫檀素身梯阶形盒 清中期

高4.3、纵30.7、横8.5厘米

紫檀制成，素身。梯阶形分两区域，分装三个推拉抽屉，
应为文房用品。

66 紫檀"崑林骈藻"书式盒 清晚期

通高10.8、底19×14.4厘米

长方形。紫檀制成线装书状。器面左上刻填金"崑林骈藻"四字。器内有文具架。下配紫檀束腰式木座，设计巧妙，制作精细。

67　郭子仪庆寿图通景屏风　清乾隆

纵182、横563厘米

十二条通景屏风，酸枝木边框浮雕夔龙纹。一面绢本设色，绘郭子仪庆寿场面。寿星郭子仪端坐厅堂，接受各方来宾的祝寿，庭院雕梁画栋，阆苑回环，艺妓献舞，侍女、宾客散布园中，人物众多，场面宏大。另一面绢本锭青为地，金粉书祝寿文，字体隽秀。款为"乾隆七年恭祝静翁吴先生大人八十一华寿文林郎张极顿首拜撰"。

郭子仪庆寿图通景屏风画面拼合图像

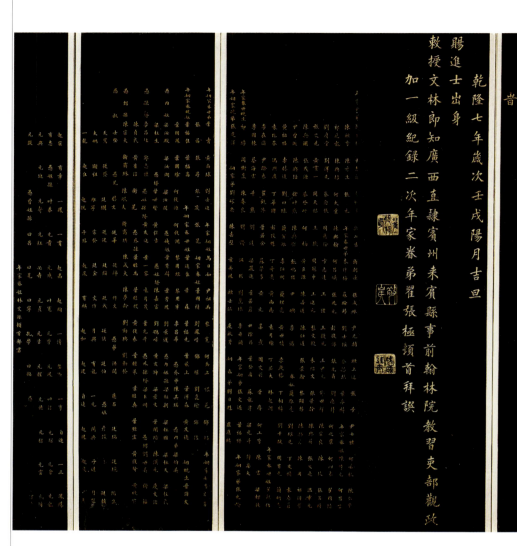

言羅浮四百名峰為蓬萊一股盖洞天福地云勾漏令開其台
神仙由茲踵相接也仙雛自偹豈不以地之靈哉到溪余未嘗
至遊到溪者嘗為余言是溪宛在水中央錦浪碧波環繞四面
人家在銀漢之中世宙貯玉壺之內非蓬萊一島弐地必靈矣

翁居是閒以孝弟忠信為藥物以日用行藏為抽添以光耀前
徽為煉祖熏以乘裕後賢為養嬰兒以德被里閭為積功行以
精神强健為還童以異時襃崇弇奕為隸仙籍稚川之丹第
早浮之是殆仙而隱者也屑屑言壽不幾為翁笑弍書此以
報張羑才茂才為 翁誦之 翁必報然喜而飲無算爵也
嘗

乾隆七年歲次壬戌陽月吉旦
賜進士出身
敕授文林郎知廣西直隸賓州來賓縣事前翰林院教習吏部觀政
加一級紀錄二次年家眷弟翟張極頓首拜譔

郭子仪庆寿图通景屏风（背面）

靜翁吳老先生大人八十開一華壽序

不佞雅慕神仙之宰百里所治無丹砂之井欲學葛稚川脩煉
大還未能也乃洒然解綬歸羅溪而秘笈有言學仙者當以
孝弟忠信為基著德不懋而徒誇方術非脩仙之務也於是蓇
衣芷履徜徉里閈周旋黃耇髦士咸最以孝弟忠信之義蓋導
人為君子即導人為神仙也游衍餘閒入城訪舊過張叔孜冲茂
才坐待軒有客盈席揖余上座余叩客姓氏里居茂才為余言

若為到溪
靜軒吳翁若為。翁子著五若為　翁孟孫亦恭季孫華次　翁
家有七孫而亦恭追隨以其長也華次雛幼乃余甥郊平壻
翁偕之來使之知父兄篤姻盟之好習揖遜之容也幸值先生
敢以相恩余諦視靜翁皓髮厖眉道氣洋溢維子若孫亦復
碧梧翠竹風致翩翩心已醉矣齡翁談吐無適俗韻有太古
風乃愈敬
翁詢翁年幾何茂才曰甫越古稀將覽揆矣詢
到溪距此幾何曰水道十里許余曰仙鄉非遙芳辰伊三
他日酒醴維醹酌以大斗顧與茂才分其餘瀝茂才喜曰先
果不棄
靜翁敢丐鴻文為
翁壽余許諾遂辭去踰兩月茂
才以書來曰
靜翁壽期屆矣謹臚列其家世品槩以瀆先生

翁之

鼻祖宋進士知樞密院同平章事重本公起家江青+
莞顯宦出九傳而
鄉賓振安公始居到溪生兩子長
文學柱石公次
倩職郎學海公而　翁則　次公裔也綿延十餘世雖未
文秀閒生令緒不墜及翁之身愈可觀矣　翁事

皇考咸字公不以勳名以和順奉兄撫弟以友愛不以詼諧敎子
著孫以詩書不以聲利遇人接物以慈誠不以其文積有倉箱
不以厚藏以市義迄今孝弟之名著忠信之定孚祖宗之禮產
豐鄉鄰之乏絕瞻諸班班丁儆也笑樓鴻案歡娛匜夕不扶鳩

印章 文字

印章是造型艺术。是以汉字为主要造型依据，通过镌刻在事先准备的载体面上，展示美的一种形式。它和诗、书、画一道成为我国优秀艺术传统中不可分割的重要组成部分。印章的名称繁多，有玺、宝、印、章、记、图章、钤记、钤印、戳或戳子等十多种，制作材质有 金属、木头、石头、玉石、封泥等。印章讲究石材的品质、篆法、刀法、章法、边款、印组等多方面的完美结合。印章内蕴博大，深厚精纯，保蕴了中华民族丰厚的历史文化和人文精神。

文字是人类记录语言和交流思想的符号。我国的汉字大体经历了结绳记事、甲骨文、金文、大小篆、隶书、行草、楷书等发展阶段。

68 铜扁捏纽长方八思巴朱文印 元

高2、纵4.2、横0.8厘米

长方形。扁捏纽穿一小孔，铸八思巴朱文。

69　铜鎏金方柱五岳真形纽朱文印　明

高1.5、印面1.5厘米

方柱形。五岳真形纽，纽五面铸铭文和兽纹。器壁鎏
金。印面正方形，朱文，印文不识。

70　万奄刻田黄石薄意云纹方白文印　清

高4.2、印面2.4×1.9厘米

方柱形。上部随形，下部方形，浅浮雕通景云纹。色浓凝脂。白文篆刻"宝安张氏珍藏书画印"，边款"万奄"。

正　　　　　　　　　　　　　　　　背

71　寿山冻石薄意山水人物长方印材　清

高5.2、印面3×1.1厘米

长方形，寿山杜陵坑石料。浅浮雕通景山水人物图，意
境悠远，文人气息浓郁，具有福建工艺特色。

72　寿山肯吊坑石麒麟纽长方印材　清

高4、印面2.1×0.9厘米

方柱形，寿山肯吊坑石料。纽圆雕一蹲姿麒麟，昂首挺胸。

73 子牧刻寿山高山冻石荷花纹长方朱文印 清

高5.7、印面：2.6×1.2厘米

长方形，寿山高山冻石料。印身浮雕荷花纹，朱文篆刻"容嗣徽堂印章"，边款"子牧"。

74 寿山芙蓉石童象纽朱文印 民国

高7、面径2.5厘米

一对。方柱形，寿山芙蓉石料。圆雕象纽，一孩童爬伏于其
背，憨态可掬。印面白文、朱文各一，印文不识。

75 黄寿山石狮子纽方白文印 现代

高6.7、面径3厘米

方柱形。印纽圆雕一狮子呈俯坐形态，神态温和，体格雄健。白文篆刻"东莞县历史博物馆所藏"。边款"一九六零年春郑逸才敬镌"。

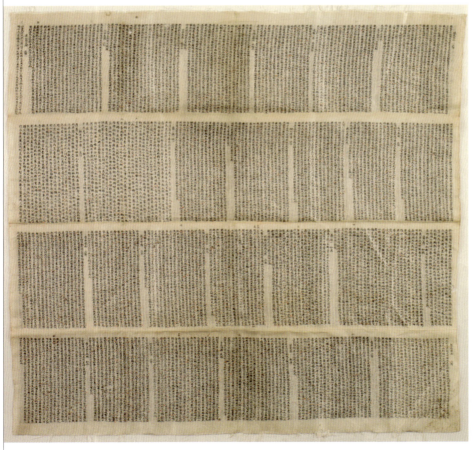

76 绢本手抄"孟子"夹带 清

纵40、横52厘米

方形。绢本，墨写行书《孟子》，有红
色标注。文字细小，用于考试作弊。

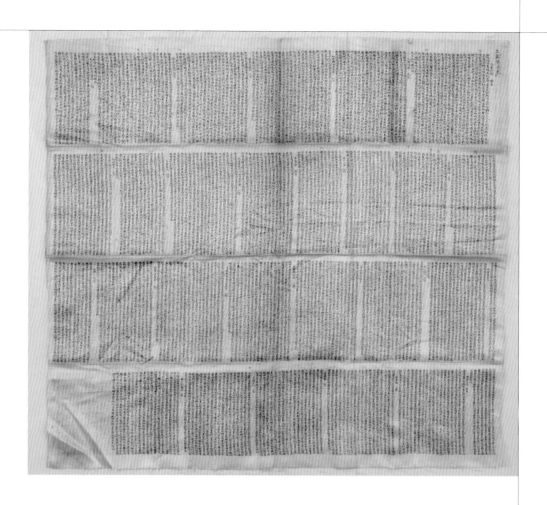

织绣是用棉、麻、丝、毛等材料进行织造、编结或绣制的工艺，是纺织品和刺绣品的总称。中国织绣历史悠久。早在4000多年前的新石器晚期已有桑麻的种植，商代，丝织工艺得到广泛发展。汉唐时期，丝织品空前发展，产品远销朝鲜、印度、波斯、罗马等国。随后，宋代的缂丝，元代的棉纺，明代的织锦，都有较高成就。

明清时期的丝织品生产集历代织造技术之大成，品类丰富，质地优良。明代织物花纹简练朴实，色彩素雅沉稳，清代织物花纹华丽繁缛，色彩鲜艳夺目。

刺绣是用彩线在织物上刺缀运针，以表现各种图案，是一种多用于绢、绮、罗等织物装饰的技艺。由于地区的不同与技艺的演变，在民间先后出现许多地方绣，著名的有顾绣、京绣、苏绣、鲁绣、广绣、湘绣、蜀绣等。尤以苏、蜀、广、湘最为有名，被誉为中国『四大名绣』。

77 檀香广绣花鸟纹扇 19世纪

高33.5、宽61、厚3厘米

扇骨架为檀香木，镂雕花鸟人物图。扇面为绢本，一面为白底，彩线绣孔雀牡丹纹，另一面桃红底，彩线绣花鸟纹，有抢针、点子绣、纺织绣等针法，具有典型广绣风格。配有彩绘花鸟纹漆盒，盒为福建定作，到广州后随形加工成品，销往海外。

78 蓝纱排金绣龙纹莽袍 清同治

纵132、横210厘米

靛蓝色纱织成，用金丝排绣云龙纹，领绣五龙，马蹄形袖口各绣一龙，身绣九龙。属江南织造处产品。

79 黑纱排金绣海水云龙纹裙 清同治

纵102、横140厘米

黑色纱织成，用金丝排绣海水云龙纹。属吉服，为清晚
期达官贵人夏天生活装。

80　广绣花鸟纹门帘　清晚期

纵276、横98厘米

在白色锦绫上用彩线绣花鸟麒麟等多种图像，镶绿色底花鸟纹
边。此帘采用了打子、平绣、接绣、平针、抢针等针法，受北方
刺绣影响，故广绣风格不够典型。

81 漳绒春夏秋冬四时山水图轴 民国

纵79、横28厘米

四幅。绘制春、夏、秋、冬四时山水，在传统山水画构图的基础上利用明暗晕染法，层次分明，质感强烈，画风明显受东洋绘画的影响。

漳绒是福建漳州的丝织工艺，有花、素两类。素漳绒表面全部为绒圈，而花漳绒则将部分绒圈按花纹割断成绒毛，使之与未割的绒圈相间构成纹饰。此图先按其构图割出绒毛，在起绒处绘山石、树木，再用笔墨衔接过渡，具有明暗、立体感强等特点。

制曰朕惟孝子事親鍾　爾實式穀之是用加　官奏績駔牧有聲惟　施孝友著于宗盟義　父敦仁樂善好　按察司僉事孔修之　行太僕寺卿兼陝西　同知張希賢乃甘肅　政大夫陝西延安府　命所由逮也爾贈奉　賢服勞王事國家譽　人稱馬翔又詔穀後

釜為小睆懷惟驅惟　贈爾為中大夫甘肅　方篤于庭訓爾子歷

光　繪之寵丕昭泉壤之　按察司僉事載荷廷　行太僕寺卿兼陝西

是立身揚名俾生得　珈封而沒歆祀乃　所爲令聞長世也爾　封太宜人王氏乃爾　肅行太僕寺卿兼甘

82　张希贤夫妇诰命　明万历

纵30.5、横385厘米

五色织锦云头纹地。前织篆书"奉天诰命"，以双龙围饰。继为诰命楷书37行，意为诰封甘肃行太仆寺卿兼陕西按察司事张孔修之父张希贤为中大夫甘肃行太仆寺卿兼陕西按察司检事，封其母为淑人，款为"万历十四年十一月二十三日"，钤"制诰之宝"大方印和"广运之宝"方印。后织"万历六年　月　日诰"七字。

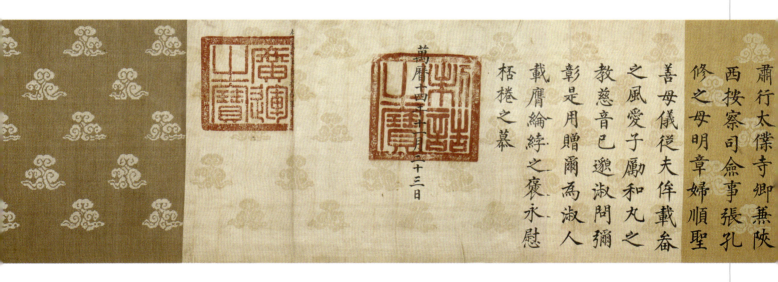

奉
天承運

蕭行太僕寺卿蕪陝
西按察司僉事張孔
修之母明章婦順聖
善母儀從夫伴載奮
之風愛子勵和丸之
教慈音已邈淑問彌
彰是用贈爾為淑人
載膺綸綍之褒永慰
梧槚之慕

萬曆十四年十月二十三日

专 论

清代漆器浅说

夏更起

　　髹漆工艺，是中国最早的发明之一，浙江余姚河姆渡出土的红漆碗证明，它已有6000多年的历史。据此推断，它与石器、陶器并行了数千年，中国才进入青铜时代。漆工艺是造物的艺术，是中国人智慧和才艺的结晶。几千年来，其技术不断进步，艺术不断革新，工艺品种不断增加，创造了丰富多彩的漆文化。按明代黄成《髹饰录》的漆工艺分类，当时已有14大类，100多个品种，达到了"千文万华，纷然不可胜识"的程度。然而，这还不是它的终结，清代漆工艺术仍在发展。

　　在历史上，漆工艺的发展也是不平衡的，有高潮和低潮。文献和遗存实物证明，历史上有两个高潮期，战国和汉代为第一个高潮期，元代至清代为第二个高潮期。清代漆器制作正是在第二个高潮之内。

　　由于漆树生长在南方，制造漆器又必须在潮湿的环境中进行，因此历史上的漆器制造地多在长江以南的广大地区，长江以北仅有少数城镇有漆器作坊。清代继承明代，著名的漆器制造地有江苏的苏州、扬州；浙江的嘉兴、杭州、温州、宁波；福建的福州；广州的阳江；四川的成都；贵州的大方；山西的平遥、太原等。除此以外，漆器制造地还有很多，此不赘述。各地的漆工艺术，各有所长，形成风格纷呈的面貌。

　　清代官造漆器，是漆艺重要的一支。据《清史稿》记载，康熙十四年宫内成立造办处，下设十四作，其中就有漆器作，之后百年间作坊有所增减，但油漆作一直保留着。北京气候干燥，本不适宜制造漆器，当时是用挖地窖作工房来解决的。《清宫造办处活计档》详细记载着漆器制造情况，从中可知，当时制造的漆器品种有：描彩漆、描金彩漆、描金漆、戗金漆、戗金彩漆、镶嵌漆等。漆作所用材料，由全国征调或购进，漆作的工匠，则主要是从苏州、扬州选拔而来。"活计档"如同实录，记述着皇帝何时命令做什么漆器、什么纹样、尺寸及件数、又在何时完成等流程和细节。清宫所造漆器，种类繁多，装饰内容丰富，做工精细，风格独具，而且多数作有官款。

　　此外，苏州也设官造漆作，由苏州织造管领，皇帝经常传命它制造各种漆器，并可以做官款。由于北京官作无雕漆艺人，所以宫廷所用雕漆器，全是命令苏州制造的。因此，苏州为宫廷制造的漆器，也应列为官造。从漆器风格上看，它与北京官造器也很相似。

清代的漆工艺术继承前代，种类繁多，就文献和遗存实物分析，较为流行的、主要的工艺品种有如下几类：

1.描彩漆：又称"彩绘漆"，战国、汉代盛行以后，始终是漆器中的主要品种之一。它是在一色漆地上，用多种色漆描绘纹图的做法，类似没骨画，具有较强的绘画效果。清代有许多地方制造描彩漆器，漆色比明代鲜艳，描绘的多是花卉、花鸟、人物故事等题材。

2.描金漆：汉代已有之。它在单一颜色的漆地上，用金来描饰纹图，其中以黑漆地为最佳。用金的技法有泥金、上金、贴金。又有彩金象的做法，即用两色金描绘花纹，使色泽有深浅浓淡之分。金色的图案在黑漆地的衬托下，熠熠生辉，具有雍荣华贵、富丽堂皇的艺术效果。描金漆在清代很流行，官作、民作均有制造。

3.描金彩漆：即将描金漆与描彩漆两种技法相结合的工艺。其方法是在一色漆地上先彩绘纹图，再用金勾描轮廓和纹理，使彩漆与金纹交相辉映，具有绚丽多彩的装饰效果。此种工艺明代已有之，清代更为流行。描金彩漆在许多地方都有制造，只是在风格上有所不同而已。本书中郭子仪祝寿图大屏风，就是描金彩漆之一例。

4.戗金漆：是在一色漆地上，线刻花纹图案，即纹图均是由阴刻线构成的，之后在阴线内填金，填后仍为阴线，低于漆的平面。此种技法起于汉代漆艺之锥画，宋代发展成为戗金，清代乃流行。

5.戗金彩漆：又称"雕填"，是将戗金漆与彩漆相结合的复合工艺。即在一色漆地上彩绘图案后，再将其轮廓及纹理刻出阴线，在阴线内填金，具有流光溢彩的装饰效果。戗金彩漆与上述描金彩漆有些相近，不同的是金线的纹理是阴刻填金的，而不是描饰出来的。戗金彩漆在制作上相对更为复杂，效果更显华丽。此工艺在明宣德朝已有之，清代宫廷则大量的制作，尽显皇家风格与气派。戗金彩漆技法中，有填彩漆和描彩漆之分，一般来讲，明代多用填彩漆，而清代多用描彩漆。

6.款彩漆：是在一色漆地上刻出阴纹的图案，犹如木版画一般，然后用随类赋彩的方法，在阴纹内填施彩漆成画。款彩工艺明代已有之，清代盛行于山西、四川等地。这种工艺适于平面装饰，山西人多用之做屏风，画面宏大，气势雄伟，地方特点鲜明。

7.镶嵌漆器：这是一个总合的叫法，其下可分为嵌厚螺钿、嵌薄螺钿、嵌象牙、嵌竹、嵌铜、嵌贵美石、百宝嵌等。总之，它是在一色漆地上，用各种美材嵌出花纹图案作装饰。镶嵌漆器在清代非常流行，宫廷、民间都有制造。民间作坊在技法与用料方面，各有侧重，风格有别。

8.雕漆：雕漆工艺按技法与漆色的不同，分别称剔红、剔黑、剔黄、剔绿、剔彩、剔犀、复色雕漆、堆红、堆彩等。做法是在器表涂漆到一定厚度，在其半干时雕刻阳纹的图案，之后再经打磨，使漆光亮，花纹流畅，具有浮雕的效果。其中不同的名称有不同的做法。

剔红、剔黑、剔黄、剔绿：它们均是用一色漆堆成厚度，雕刻一色的花纹。

剔彩：则使用三种以上的色漆，如黄、绿、红、紫等，分层涂成一定厚度，再以分层取色的方法雕刻纹图。如花卉纹可显出红花、黄心、绿叶；人物可表现出黑发、红衣、黄裤、棕鞋等。

剔犀：是用二色漆髹涂，但以一色漆为主，另一色漆仅在其中涂一层或两层非常薄的漆层，上面雕刻抽象的云纹或对称的几何纹，在刀口的侧面显出等高的线纹，如以黑为主则显出红线，以红为主则显出黑线。

复色雕漆：则是用三种不同的色漆，以相同的厚度分层涂成，雕法类似剔犀，仅雕较为抽象的花纹。

堆红、堆彩：两者指的是假雕漆，均是在器胎上雕木或漆灰，之后涂饰色漆的做法。全部涂红漆就是堆红，涂各种色漆以显花纹就是堆彩。堆红、堆彩，比起真正的雕漆制做简便易行，周期短，成本低，主要流行于民间。

雕漆器是漆工艺中最费时、费漆的品种，但其艺术表现力最强。一件器物，根据需要，涂漆从几十道到一二百道不等。由于漆的特性，一天只能涂一道，所以一件器物仅涂漆就要二个月至四个月的时间，然后再一刀一刀的雕刻纹图，又要数月时间。根据清宫造办处活计档记载，每命苏州做雕漆器，一件器物往往要八个月至一年多的时间才能完成。

雕漆工艺，文献记载唐代已有之，传至清代，其技艺已经非常成熟。但因其成本太高，一般人买不起，所以制造地也较少，目前所知，仅有苏州、扬州有之。本书中的剔红山水人物方盒与圆盒，应是苏州制造的贡器。

9.脱胎漆：做漆器历来多用木胎，而在乾隆年间，福州漆工艺人沈绍安发明了脱胎漆，故而成名。脱胎漆工艺，是先用泥土或纸造型，之后抹灰，再涂漆到一定厚度，脱去内胎，再用漆装饰。比之木胎漆器，在造型上有更大的自由度，可做出诸多仿生作品，如果实、动物等。其实，沈绍安的成就最主要的不是脱胎，而是他调配出了诸多鲜艳又柔和的中间色漆，大大提高了漆工艺术的表现力。它可以做单色漆器，以漆色取胜，也能绘制各种图案，如花卉、山水、人物等，作各种题材的装饰。在漆工艺中别具一格。

清代漆器，在使用与观赏功能上比前代有很大发展，种类繁多，如生活用器中有盘、碗、勺、盒、冠架等；陈设用品中有各种炉、瓶、盒、挂屏、座屏、屏风等；家具类有箱、柜、几、案、桌等；文具类有毛笔、笔筒、笔架、砚盒等；宗教用器有佛像、钵、巴苓、五供、七珍、八宝、佛龛等。其造型多种多样，千变万化，如盒子就有方形、长方形、六角形、八角形、圆形、椭圆形、书函式、琴式等；仿生的有梅花形、菊花形、桃形、葫芦形、瓜果形、菱花形、葵瓣形、蝴蝶形等；仿古器形的有琮式、圭璧式、磬式等。这每种器物里又都有大小之间的差别，变化多端，数不胜数，在造型美术中，超过了瓷器，可谓独树一帜。

清代漆器的装饰内容也比前代更为丰富，形式更为多变，花卉、花鸟、林木走兽、海水鱼虾、山水、人物故事、吉祥图案、几何图案、仿古图案等无所不有。其中的花卉图案有缠枝的，有写实的，其中以写实的为主。所饰花卉的种类，都是国人喜闻乐见的品种，如莲花、牡丹、梅花、茶花、月季花、石榴花、桃花、菊花、桂花、栀子花等等。有些花卉还用求全法表现，如石榴、桃树，常是花朵与果实并存，它超越了自然界的客观规律，但表达了人们美好的愿望，实现的是器物装饰之美。花鸟图案如梅花喜鹊、荷花白鹭、桃花蝙蝠、杏林春燕等，这些花鸟图不仅有绘画的意境，更有美好的寓意。人物故事图案尤其丰富，表现了众多的历史人物和故事，且多用补景的方法表现，如郭子仪祝寿羲之爱鹅、周茂书爱莲、米芾拜石、李白题壁等等。这种人物故事图，有着丰富的历史内容，是漆艺独特的表现，优秀的特色。另有一些山水人物图，则表现文人的林泉之志和悠闲生活，如携琴访友、观瀑图等。

清代漆器中，民间作品一般都不作铭文，仅有少数艺人留下款识，如扬州的卢葵生，用红色印章款"卢葵生制"。福州沈绍安后人的漆器用写款，如"中华福州沈绍安恂记漆器"、"中华福州沈绍安正记漆器"、"中华福州沈绍安恺记漆器"，各店都以沈绍安在前，自己的店号在后的排列方法写款。官造漆器则多数做铭文，有描金款和刻款，多数为楷书，极少数为篆书，且十分规范统一，如"大清康熙年制"、"大清乾隆年制"。有的款下刻上器物名称，如"云龙宝盒"、"问渡宝盒"、"步月宝盒"、"流觞宝盒"、"百子盘"等，档案中称之为"名色款"。

总之，清代漆器制造非常盛行，尤其是政治稳定，经济发达的康、雍、乾三朝，从而使漆工艺术有了较大的发展。器物种类有了很大的开拓，造型更加工巧。装饰内容包罗万象，既有继承，又有发展。装饰方法变化无穷，呈现出异彩纷呈的面貌。又由于中国地域辽阔，各地区人文与习俗的差异，使漆器呈现出多种风格特点，更增加了它的艺术魅力。

（作者单位：故宫博物院）

莞罗奇珍　玲珑雅致

——品东莞市博物馆杂项文物

杨晓东

东莞地处珠江三角洲中部，北倚广州，南临香港，境内主要河流有东江、石马河、寒溪水等，河道密集，水陆交通发达。明代东莞陆路不断开辟，使得东莞水陆交通十分便利，畅通省内外和国内外，为商品经济大发展提供了重要条件。尤其是东莞鸡栖、屯门、虎头门等处海滨，是广东市舶司规定来华外国商船停泊的舶湾，客观上为东莞的对外贸易提供了有利的条件。嘉靖元年(1522)以后，广州成为全国对外贸易的唯一大港，离广州咫尺之遥的东莞，近水楼台先得月，海外贸易在东莞商品性农业和手工业生产高度发展的基础上自然而然地繁盛起来。至晚清民国时期，商品经济达到高潮，境内的石龙与广州、佛山、陈村名列广东四大名镇。活跃的商贸活动为民众带来富足的生活，涌现了许多富商巨贾，收藏集雅蔚然成风，普通百姓也能藏珍蓄秀，经岁月流转，沉淀了不少明清时期艺术珍品。

东莞市博物馆藏杂项文物数量虽然不多，但不乏精品。藏品来自全国各地，其中以清宫造办处、京作、苏作、广作等作品为代表，另有福州漆器及广州十三行贸易工艺品等也非常精彩。细细品味，如饮一道香茗，芳醇可口，令人心旷神怡。

一　东莞市博物馆藏杂项文物基本情况

东莞市博物馆由于藏品数量有限，为了便于藏品管理，根据本馆实际情况，在藏品分类上，与传统的做法有所区别，除陶瓷、书画、玉器、金属器、钱币、出土文物和近现代文物之外，其余皆归于杂项范畴，共计236件（套）。

从时间来看，馆藏杂项文物早讫唐代，晚至民国，基本以明清为主，清代居多，特别是清中后期至民国时期的文物，占杂项文物的95%以上。究其原因主要有以下两点：一是由杂项文物的特性所决定。与陶瓷、玉器、铜器、书画等大项文物不同，杂项文物多为特殊工艺品，因制作工艺的传承发展，许多技艺到了明清时期才趋于成熟，工艺技术才达到鼎盛，加之保存条件所限，流传艰难，故与其他类别文物相比，其存世量要以明清时期的器物居多。二是由东莞的环境所决定。尽管早在5000多年前，东莞就已经有人类生息，但在唐以前，此地仍属南越荒蛮之地，与中原相比经济相对落后。宋代，由于北方战乱，大量人口南迁，带来了先进的文化和技术，促进了当地的经济发展，商品贸易逐渐兴盛。然而以盐业为主的商品经济，以及以茶业和木材贸易为主的市场，未能让各地的艺术品汇聚于此，因而对当地的工艺技术的促进作用并不突显。明以后东莞商品经济空前发展，特别是清中后期至民国时期，商贸活动异常活跃，东莞湾泊堆积如山的珠宝珍奇，香料异物，各类商品琳琅满目，吸引了海内外商贾云集于此。

馆藏较早杂项文物南汉镇象石经幢（见图版54），又名镇象塔，造于南汉大宝五年（962）。塔形。从下往上由首层须弥座，二层须弥座，幢柱，圆鼓座，四方塔等五层组成。其中幢柱用花岗岩料，余皆采用砂岩。二层须弥座八开光，内浮雕神像，圆鼓座底面莲瓣内浮雕瑞兽纹。幢柱为八角形，刻《佛顶尊胜陀罗尼经》文，采用金刚智译本，且保留了"启请"文。经文既是超度野象之亡魂，亦是为杀象之人消除罪业。原有千余字，现存302字。是东莞发现最早的文字遗存，对研究南汉时期的书法具有重要意义。

从品种来看，馆藏杂项文物有珐琅器、漆器、银器、竹雕、木雕、牙雕、石雕、贝雕、椰雕、犀角雕、玳瑁雕、灰塑、家具、玻璃、印章、织绣、服装、砚台、屏风、诰命等。其中以印章最丰富，共有113件（套），占杂项文物总数的48%，可视为杂项类特色之一。

明清东莞经济的繁荣，促进文化的发展，古邑东莞，人才辈出，涌现了大批的名人名家，如：名将袁崇焕，画家张穆、王应华、居巢、居廉、容祖椿、邓白，篆刻家张敬修、邓尔雅、容庚、卢炜圻等。受这些人的影响，明清以来，东莞文化活动异常活跃，文化氛围非常浓厚，留下了许多书画作品，因而书画作品成为了东莞市博物馆最丰富的藏品，与书画密不可分的印章，也自然成为了杂项类文物的大宗。如今，我们在馆藏文物中，不难见到张敬修家族和邓尔雅、容庚的治印，为后人留下了一笔宝贵财富。

馆藏木雕共有35件（套），占杂项文物总数的15%，也是杂项类中较丰富的品种之一。木雕工艺最早可追溯到新石器时代。明清时期，经过传统的积淀，木雕工艺达到了一个繁盛期。很多地区通过就地取材，以本地环境与生活习惯为依托，发展出各不相同的木雕工艺风貌，形成了许多流派，其中以浙江东阳木雕、安徽徽州木雕、广东潮州金漆木雕、福建龙眼木雕最为有名。馆藏木雕主要为潮州金漆木雕。潮州金漆木雕多以樟木或杉木为原料，加以生漆和金箔。用浮雕、镂雕等手法，表现戏曲人物和民间故事，具有强烈的地方特色。自明代开始逐渐形成定式，明初的木雕多为平面雕饰，至万历年间始向单层镂雕发展。清代这一艺术形式达到鼎盛。不少达官贵人对"金碧辉煌"情有独钟，于是，所营建的祠堂和豪宅，无不以金漆木雕装饰。从清代开始潮州金漆木雕形式由建筑构件向日用工艺品延伸，如插屏、神龛、茶柜、案桌等。馆藏民国漆木雕箔金菱形攒盒（见图版40），为神龛供物。此器采用了黑漆描金工艺，由20块镂雕戏曲人物、民间故事和花草鸟兽纹花板以及58块衬饰花件组成，足承6只生动活泼的圆雕狮子。雕工细巧，生动流畅，纹饰层次丰富，画面饱满，立体感强，人物表情刻画细腻，赤金明艳，金碧辉煌，为潮州金漆木雕典型代表。

另外，馆藏有些品种尽管极少，但不乏精品。馆藏清乾隆郭子仪庆寿图通景屏风（见图版67），于上世纪60年代在东莞道滘镇征集而来。以酸枝木浮雕夔龙纹作边框，十二条通景屏风。两面绘制，正面绢本设色，绘郭子仪庆寿场面。寿星郭子仪端坐厅堂，接受各方来宾的祝寿，七子八婿十五对夫妇及孙齐集一堂，艺妓献舞、侍女、宾客散布园中，庭院雕梁画栋，阆苑回环。整个画面内容丰富，场面壮观，色彩鲜艳，线条流畅，人物神态各异，栩栩如生，大小人物共160多人。背面绢本锭青为地，金粉楷书祝寿文，字体隽秀。全文赞颂寿主先祖考功业和寿主的美德，以葛洪炼丹典故，教育后世子孙遵从儒家孝、悌、忠、信，由

图一　清乾隆郭子仪庆寿图通景屏风局部

图二 明万历张希贤夫妇诰命背面夹层墨书题记

此方可得"道"，得道归隐成仙，赞颂寿主大隐于市，有太古风范。落款为"乾隆七年，恭祝静翁吴先生大人八十一华寿，文林郎张极顿首拜撰"。屏风，又称为"屏门"或"屏障"，一般陈设于室内的显著位置，起到分隔、美化、挡风、协调等作用。它与古典家具相互辉映，相得益彰，浑然一体，成为家居装饰不可分割的部分，呈现出和谐宁静之美。此屏风体形硕大，用料考究，雕琢精细，画工精湛，色彩艳丽，非普通百姓人家所有。

馆藏明万历张希贤夫妇诰命（见图版82），五色织锦云头纹地。前织篆书"奉天诰命"，以双龙围饰；继为诰命楷书37行，字体隽秀，字迹清晰。意为诰封甘肃行太仆寺卿兼陕西按察司事张孔修之父张希贤为中大夫甘肃行太仆寺卿兼陕西按察司检事，封其母为淑人，落款"万历十四年十一月二十三日"，钤"制诰之宝"大方印和"广运之宝"方印；后织"万历六年　月　日诰"七字。值得一提的是，在诰命的背面夹层，有墨书："万历十年十月裱褙匠金贵、织匠王忠、□匠王五见"20字，为我们研究和了解明代诰命制作提供了重要信息。

二　清宫作品雍容瑰丽

馆藏有6件（套）清宫造办处作品。其中2对清乾隆珐琅碗和盘，1对清晚期珐琅瓶，2对清中期玻璃瓶和碗，1件清中期剔红云龙戏珠纹圆盒。尽管数量有限，但我们可以从中窥见皇家用器的风范，领略官作的高超技艺。

清宫造办处是清宫制造皇家御用品的专门机构。据文献记载，清宫造办处创始于康熙初年，地点设在养心殿，因此也称为"养心殿造办处"。康熙三十年由养心殿迁至慈宁宫，仍沿习旧称谓。初期设有炮枪处、油木作、玻璃厂、盔头作、灯裁处、铸炉处、匣裱作、做钟处、鞍甲作、铜錽作等。后来根据需要，又陆续扩大规模增加项目。造办处在康熙、雍正、乾隆三朝为其光辉时期，犹以乾隆时达到高峰。造办处在最鼎盛时，下设42个作坊，每个作坊都荟萃全国各地的能工巧匠。这些能工巧匠囊括了朝廷几乎日常生活中的各个方面，从吃的、穿的，到用的，甚至于休闲和摆设的应有尽有。当时民间把这个造办处叫做"百工坊"。

清宫造办处的性质是典型官办的作坊。正因为如此，它具有不可比拟的各种优越条件。首先，它运用行政手段，可以征调全国最优秀的工匠，汇聚造办处；其次，以其雄厚的财力，可以置办最好的原材料；再次，器形设计图出自名家之手，并得皇帝钦定。造办处前后为宫廷服务达200多年，与皇室起居息息相关，其职能除御用品制造、修缮、收藏外，还参与装修陈设、舆图绘制、兵工制造、贡品收发、罚没处置以及洋人管理等事宜，包罗之广，远远超出工艺制作的范畴，在宫中是具有实力的特殊机构。造办处的制作网是全国性的，除宫中厂房外，在景山、圆明园等地尚有许多作坊。一些特种工艺由造办处设计画样，交杭州、苏州、江宁三织造以及九江关、粤海关等处御用作坊制作。

馆藏1对清乾隆掐丝珐琅万寿无疆纹碗（见图版2），铜胎镀金，外壁施浅蓝色珐琅釉为地，上饰篆书"万寿无疆"四字及缠枝莲纹。口沿及足下各錾有夔龙纹和莲瓣纹。底錾阴文"子孙永宝"四字篆书款。此碗器壁厚重，金色赤橙，富丽堂皇，尽显王者风范。此类万寿无疆碗为宫廷寿宴用器，据清宫史料记载，乾隆时期此类碗仅生产500件，故尤显珍贵。

馆藏清中期剔红云龙戏珠纹圆盒（见图版17），通体髹朱漆，盖面饰回纹作圆形开光，盖面雕饰云龙纹，盒身上下雕饰双龙戏珠纹；上下口沿及圈足雕回纹；盒内髹黑漆。此盒造

图三 清乾隆掐丝珐琅万寿无疆纹碗

型庄重，图案布局严谨，雕刻一丝不苟，具有典型的宫廷艺术风格，工艺技术尽善尽美。

清宫造办处玻璃厂成立于康熙三十五年（1696），专为皇家烧造年节进贡器物，尤其是康、雍、乾三代更是它的极盛时期，宣统三年（1911）方告结束。在200多年里，集中了一批全国最优秀的玻璃工匠在养心殿造办处服役。一批掌握烧造玻璃技术的西方传教士也远渡重洋，经广东海关、督抚的推荐，获皇帝恩准后进入养心殿造办处玻璃厂，这给玻璃厂的规模、设备、配方，以及工艺带来了直接或间接的影响。

雍正年间，朝廷下令将玻璃厂迁至圆明园六所，唯蚕池口玻璃厂仍维持运作。玻璃厂最为辉煌的时期在乾隆中期，在西方传教士的帮助下，创造性地烧造成功了搅胎玻璃等杰出的艺术品种，目前流传于世的清代玻璃器佳作绝大多数都是这个时期玻璃厂的作品。

馆藏1对清中期透明宝蓝色双耳玻璃瓶（见图版8），溜肩，高身，平底。颈塑云耳，饰透明宝蓝色，素身。此器胎壁薄而匀，造型典雅，宝石蓝妙色莹然，雍容瑰丽。蓝色玻璃烧制历史虽长达数百年，但到十八世纪才格外精彩，臻于完善。此透明宝蓝色双耳玻璃瓶即为此类作品之代表。

馆藏1对清同治浅蓝色玻璃素身碗（见图版9），直口，弧身，浅圈足。浅蓝色素身，外底刻楷书"同治年制"二行四字款。此器胎壁厚实，呈色匀净素雅，亦为蓝色玻璃器中的上乘之作。

三 京作牙雕华贵典雅

传统工艺品由北京地区制作的，人们习惯称之为"京作"。因与皇宫紧连，作品受皇家影响较大，近似清宫造办处的风格，特别是在家具、玉雕和象牙雕等方面，成绩显著，特色鲜明，具有华贵典雅的神韵。清代牙雕主要分"广作"和"京作"两大派别。清初，京作牙雕追求富丽堂皇和大方贵重的题材，清末，京作牙雕题材转向专雕一些繁复、镂空的小件，使牙雕由远观器演变成把玩器。

馆藏1对清中期象牙雕茜色花果草虫纹香囊（见图版43），通体镂空菱形锦地，浅浮雕及茜色石榴、蝴蝶、盆景等纹，寓意"多福"、"多寿"。器内可盛装香料，器盖旋转即开，盖与器身结绳相连。造型别致，色彩华丽。

馆藏1对清中期象牙雕茜色蝴蝶纹石榴盖盒，石榴形，子母口，盒身浮雕石榴、蝴蝶、缠枝花纹。此器以浮雕和 色技法雕刻，一气呵成，精巧有趣。

与广作牙雕相比，京作牙雕最大的区别在于擅长运用茜色工艺，注重写实仿真效果。手法简练、饱满、厚重。既有宫廷艺术的古雅、庄重、华贵，讲究精雕细刻的特征，又有民间艺术的生动活泼，装饰性强和生活气息浓郁的特点。

四 苏作剔红巧夺天工

剔红又名"雕红漆"，即是在器物的胎型上涂上几十层甚至几百层朱漆，待干后再雕刻出浮雕的纹样。工艺的特殊性决定了剔红的漫长制作周期，少则数月，多则几年，在漆艺中，剔红的工序最多，制作周期最长，艺术表现力最强。根据漆色的不同，有剔红、剔黄、剔绿、剔黑、剔彩、剔犀之分，其中剔红最常见。此技法萌芽于隋唐，成熟于宋元时期，兴盛于明清两代。乾隆以后，剔红漆器多由苏州地区制作。地域的差异，直接导致工艺风格的变化。不同于明早期"隐起圆滑，藏锋清楚"的特点，也不同与明晚期"刀法快利，棱角清晰"的风格，清代苏州工艺将两者结合起来，使圆滑和锋利相得益彰，对局部的处理则更多吸收绘画中皴、擦、点的技法，增

强了山石树木的层次感和立体效果，这些风格特点的变化，令剔红给人耳目一新的感觉。清末民初，苏州剔红技艺后继乏人，开始走向没落并渐渐消失。

馆藏清中期剔红人物山水图方盒（见图版18），通体髹朱漆，盖面回纹锦地开光，开光内雕刻竹林、山石、木桥人物故事图。盒壁饰回纹。盒内及底髹黑漆。此盒漆色鲜艳纯正，雕刻纤细精致，刀法工整。尤其是构图极具巧思，将山水、树木、花卉、人物巧妙地分布于方盒之上，组合成了一幅完美的山水图案，做到了场景清晰，情节生动，可谓鬼斧神工，是苏州剔红的代表之作。

馆藏清中期剔红开光携琴访友图倭角方盒（见图版13），倭角方形。通体髹朱漆。盖面回纹锦地开光，内刻"携琴访友"图。盒壁四面开光，内花卉纹，外杂宝纹。上下口沿及圈足雕回纹。盒内及底髹黑漆。此盒髹漆润厚，漆质优良，纹理清晰，漆色纯正柔和，雕刻刀法严谨，精细，雕饰繁缛，立体感强，造型别致，极尽巧思。

与瓷器上的装饰图案相比较，剔红的效果更具特色。瓷器上的图案为平面，而剔红则是采用浮雕的手法，立体感特别强，尤其是雕刻出的人物、花鸟、山水、房舍等图案，无一不是层次分明，形象生动如实地反映出了形体的风格。

五　广作牙雕玲珑剔透

广州牙雕有着悠久的历史，秦汉时期已有了初步发展，明清时期工艺与生产规模达到历史高峰，民国以来其工艺水平日趋精湛，逐渐发展为全国象牙雕刻中心。广作牙雕主要分陈设品、实用品和装饰品三大类，按工艺技法有雕刻、镶嵌和编织三大类。雕刻多采用阴刻、隐起、起突、镂雕，又尤以镂雕见长，广州气候温暖湿润，象牙不易脆裂，宜于制作钻镂、透雕的作品，故镂雕逐渐成为广州牙雕工艺最具特色的技艺。

广作牙雕另一特点是中西结合，大量吸收波斯样式和欧洲的"满雕"技法。讲究将象牙漂白，雕出来的作品晶莹剔透，呈现出白玉一样的质感。广州牙雕重雕工，转心牙球清代就已达到20多层，现今可达50余层。牙片可以做到薄如纸，呈半透明状，馆藏清中期骨雕人物风景图饰件就是件薄如蝉翼的牙片（见图版45）。

馆藏清晚期象牙雕龙纹直身筒（见图版48），圆柱形。有盖。筒身深浮雕两条飞龙，腾云驾雾，首尾相接，凤凰、飞鸟、蝴蝶穿插其间。筒两端刻菊瓣纹。此筒为盛装中医银针之物。

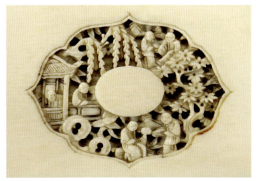

图五　清中期骨雕人物风景图饰件局部　　　　　图六　清晚期象牙雕龙纹直身筒局部

图七　清晚期金漆彩绘九儒图梅瓶　　　　　　　图八　民国银制小摆件上刻款

　　清晚期象牙雕人物长盒（见图版47），长方形。盒盖、底各有海棠花形开光，内饰多层浮雕人物、古树、山石、亭台、楼阁纹，雕工繁复，人物形象生动活泼。

　　广作牙雕镂空玲珑剔透，雕镂细如游丝，整体布局热闹，喜繁花似锦，不留空白。象牙雕刻常与其他多种材料，如紫檀、犀角、玳瑁、翠羽等巧妙地镶嵌于一器之上，增加图案的层次，使图案更富于立体感。

六　福州漆器明艳华丽

　　福州漆器始于南宋，以脱胎漆器而闻名于世。脱胎漆器的制作分为脱胎和木胎两种。一件工艺品的工序多达几十道，有的甚至达百余道。脱胎漆器是以漆的色泽来装饰。传统的装饰技法有黑推光、色推光、薄料漆、晕金漆画、嵌银上彩、锦纹、嵌螺钿等。产品大致可分为实用和陈设两大类。福州脱胎漆器，质地坚固轻巧，结实耐用，装饰精细，色泽鲜艳，具有独特的民族风格和浓厚的地方特色。

　　馆藏1对清晚期金漆彩绘九儒图梅瓶（见图版23），脱胎，撇口，束颈，丰肩，敛腹，平底，下托三足木座。通体以金漆为地，用淡绿、红、黑、紫、银灰等色漆描绘通景人物山水。远景层峦叠嶂，松枝繁茂，近景九位老者形态各异。此对梅瓶胎体轻巧，色彩明艳，具有鲜明的地方特色，可视为福建脱胎漆器代表。

七　东莞银器灵巧趣致

　　中国银器的产生和发展经历了漫长的历史阶段。目前所见较早的银制品出土于春秋战国。唐代银器丰满富丽，宋代银器清秀典雅。元代银器讲究造型，素面者多。明代银器生动古朴，清代银器工整华丽。从历史长河的纵向发展看，银器有其历史传承性，而在同一时代中，银器的发展也会受到来自其他艺术领域的横向渗透和影响，并汲取营养，形成自身独具的艺术风格，成为中国文化中一枝奇葩。

　　清末至民国时期，东莞的商品经济得到空前发展，商贸活动异常活跃。受广州十三行的影

图九　19世纪檀香广绣花鸟纹扇局部

响，在一些镇区，特别是莞城、石龙等地，形成了繁华的集市，如莞城的市桥路，石龙的中山路等，出现了许多不同行业的专营街道，如石龙的竹器街、弹花街等，随之而涌现许多家庭式手工业作坊，银器作坊便是其中之一。以道滘镇和石龙镇最为密集和有名，以满足旺盛的市场需求，部分产品还销往国外。

馆藏有4件（套）东莞银器，民国银制家居用品小摆件、民国银制厨房用品小摆件、民国银制农耕工具小摆件和民国银制状元巡游小摆件（见图版27～30），个别器物上刻有："东莞石龙文记"款和"东莞到滘"款（此处的"到"即是现在"道"的别字），并刻有作坊印记，惜文不识。这4套小摆件做工灵巧，生动趣致，为我们展示了民国时期广东普通人家的生活场景，为我们研究和了解民国时期广东民俗文化提供了重要的实物资料，也为地方民俗文化陈列展示提供了生动的展品。

八　广州十三行贸易商品炫目多彩

自唐代以来，广州一向是我国最重要的商港之一，而广州十三行，是我国对外贸易中的一个特殊组织。

明清时期，广东商人可分为牙商、盐商、铁商、米商、糖商、丝绸商、陶瓷商、烟草商、典当商、布商、药商等，其中以牙商最为著名。牙商是指在城市和乡村的市场中为买卖双方说合交易，从中抽取佣金的中间商人。明清时，随着商品经济的进一步发展，牙商人数大大增加，形成了一个专门的行当，即牙行。

清早期，广州的牙行在对外贸易活动中，依靠政府给予的特权，联合组织成立一个行会团体，并歃血盟誓，订下行规十三条，垄断了广州整个对外贸易。十三行在创建时，广东官府规定它是经营进口洋货和出口土货的中介贸易商行。最初指定洋货十三行经营的贸易对象，实际包括外洋、本港和海南三部分内容。十三行是清廷实行严格管理外贸政策措施的重要组成部分，其目的在于防止中外商民自由交往。它由封建官府势力"招商承充"并加以扶植，成为对外贸易的代理人，具有官商的社会身份，也是清代重要的商人资本集团。鸦片战争以后，《南京条约》规定，废除中国对外贸易中的公行制度，允许英国商人在各口岸任意与华商交易。从此，十三行日趋没落。

19世纪晚期象牙雕人物柳亭图名片盒（见图版49），长方形。器面皆用镂空雕刻，生动地刻画出亭园游览嬉戏的情景，雕工精细，画面密而不繁。名片正面刻有"Augusta"的字样。此器是十九世纪晚期广东外销象牙雕中的上乘之作。

19世纪檀香广绣花鸟纹扇（见图版77），扇骨架为檀香木，镂雕花鸟人物图；扇面为绢本，一面为白底，彩线绣孔雀牡丹纹，另一面桃红底，彩线绣花鸟纹，有枪针、点子绣、纺织绣等针法，具有典型广绣风格。配有彩绘花鸟纹漆盒，盒为福建定做，到广州后随形加工成品，销往海外。此器造型雅致，色彩素雅，工艺精湛。

19世纪玳瑁雕山水人物圆盒（见图版51），圆形，直口，浅身，平底，子母口。器壁浮雕花鸟纹，盖面浮雕市井人物故事图，边缘饰一圈回纹。此器工艺繁复，层次丰富，画面人物形象生动，为广作外销典型作品。

馆藏1对19世纪贝雕人物故事摆件（见图版52），珍珠贝随形。在贝内浅浮雕市井人物故事图。配镂空木雕花枝纹座。此器雕刻精细，画面丰富，具有典型广作外销品风格。

19世纪银镀金镂空名片盒（见图版26），长方形。整器镂空，饰缠枝花卉纹。盒盖上方有一椭圆形片，用于刻写名片主人姓氏。此器制作精细考究，广作风格显著，形制为十三行较为流行的商品款式，在国外的收藏市面上常能寻到其踪迹，可见当时出口量并不是少数。

十三行贸易，推动了广东海外商品贸易的空前发展，也极大的带动了广东的手工业发展，促进了工艺技术的飞跃，各类工艺品琳琅满目，馆藏杂项文物中，有不少广州十三行贸易商品，其中以牙雕、玳瑁雕、织绣、银器等工艺品为主。这些作品，或雕琢精细，或装饰华丽，或玲珑雅致，彰显着广作工艺的精湛绝妙、鬼斧神工。

结语

东莞市博物馆杂项文物并不多，在博大精深的中华文化和浩如烟海的杂项文物面前，也许它不是最美的花朵，不能全面反映工艺美术的风采，满足不了人们所要寻求的全部文化信息。但纵观东莞市博物馆杂项文物，就象欣赏一幅精彩的明清工艺美术画卷，从中我们可以窥见当时的民俗民风，可以品味到艺术之美的醇香，更能体会到它所蕴含的民族精神。我们不能不为前人的技艺所折服，不能不为前人的精神而感动，不能不为中华文化而骄傲。在闲暇之余品阅一下，不能不说是件惬意之事。

（作者单位：东莞市博物馆）

大巧浑如拙　小学必先通

——浅论邓尔雅篆刻艺术

潘鸣皋

图一　"左琴右书"印面、印脱及边款拓片

东莞处于广东中南部，美丽富庶的珠江口东岸，东江下游的珠江三角洲。其历史源远流长，自新石器时代，其境内东江沿岸已有先民聚居。夏代时，东莞属南交地。春秋战国时期，东莞属"百粤地"。秦统一中国，东莞属南海郡番禺地。

东莞为岭南古邑，文化历史悠久，文人、名人众多，名家辈出。在篆刻艺术的领域中，具有影响力的名家有"可园"主人张敬修、邓尔雅、容庚、卢炜圻等人，而艺术成就最高，对岭南篆刻影响最大的则是邓尔雅先生。

邓尔雅（1884~1954），原名溥，字季雨，又字万岁，号尔雅，以号行。晚年别署风丁老人。广东东莞人（生于北京，卒于香港）。因得绿绮台琴及今释和尚《绿绮台琴歌》的手卷，遂命其室"绿绮园"，自署"绿绮台主"。室名尚有"邓斋"等。

尔雅先生家学渊源，其父邓蓉裳（蓉镜）为清末名儒，同治辛未（1871）年翰林，历署江西粮道，乡试、会试同考官，文渊阁校理，国史馆提调等职。丁忧归里，受粤省大吏聘，掌教广雅书院。蓉裳先生精通小学，收藏丰富。尔雅先生为蓉裳先生第四子，少年秉承家学，对文字训诂、金石书画研究尤为精深。1905年尔雅先生东渡扶桑，先学医学，转而改学美术。回国后协助潘达微创办同盟会及国内的第一份机关刊物《时事画报》，活跃于艺林，广交国内文人、艺术名家。其诗、书、画、印皆负盛名。主持南社广东分社社务。其诗学龚定庵、画擅于菊、石、墨梅，亦有山水传世。书法楷书学邓承修，晚年参入黄道周、倪元璐笔意；篆书学邓石如、吴熙载、黄牧甫。篆刻初学邓石如、吴熙载，后专心学黄牧甫；博涉古玺、汉印、宋元花押、生肖印、造像、花钱，文字上至甲骨文、金文、汉碑额文字、汉魏六朝刻石文字、砖瓦文乃至西夏文、满文、苗文、高丽文字等，琳琳总总无不以黄牧甫刀法为主，汪关的汉印刀法为辅，清秀中透出挺峻，圆润中透出书法的风采，自具面貌。

尔雅先生篆刻初学邓石如[1][2]、吴攘之[3]印，从用刀上看与邓石如、吴攘之十分相似，这可能从家藏的印谱、书籍或原印中得到启示。"尔雅小时入塾，师教兄以《文字求蒙》、《说文部首》诸书，因得旁窥窃听，略知六书体例，乃比人早，后提刀嬉戏，童心颇顽；加以家有藏书，凡关于印篆之属，偷得余闲，辄手一卷，遂解篆刻。"[4]自从尔雅先生入广雅书院学习，见到黄牧甫的书法、篆刻作品后，从原来临摹邓、吴的篆刻作品转到学黄牧甫的作品，这一个过程，可以说是一个从懂篆刻的人到一个篆刻家的启迪。

尔雅先生的篆刻成就，首先得力于他在文字学（小学）方面的造诣。从少年时即对文字学有浓厚的兴趣并乐比不疲，对古代金石文字详加考证、编纂。"童年即嗜小字，每拟网罗殷周秦汉金石文字，分别部居，互考详证，纂辑成书，壮岁以来，颇有撰述。"[5]另有治印诗："大巧浑如拙，小学必先通；俗伧不识字，捉刀非英雄。"[6]后来直接影响到其外甥容庚教授，使容庚先生成为金石小学一代大家。"余十五而孤，与家弟肇新、肇祖从四舅邓尔疋治《说文》。民国二年，余读书于东莞中学。四舅来寓余家。余兄弟课徐恒与据方案而坐，或习篆，成刻印，金石书籍拥置四侧，心窃乐之。读《说文古籀补》、《缪篆分韵》诸书，颇有补辑之志。"[7]其次是得力于美术基础、书法造诣及其对书法与篆刻的相互关系的认识。尔雅先生有治印诗："作字如治印，治印如作字；腕下著以沈，书契原一事。"[8]在这诗中强调了"书契"的关系，即"原一事"。1905年尔雅先生东渡留学于扶桑学习美术，对构图、线条方面有着过人的敏感，加上对于书法与篆刻之间的关系有着不同常人的认识。正如尔雅先生的一句名言"书从印入，印从书出"。

图二 "花之佳友"印脱及边款拓片

　　尔雅先生的篆刻艺术成就，得力于其深厚的文字学、美术、书法等各方面的功力外；还得力于家中所藏的丰富书籍及实物资料，使其各方面的函养得到丰富；得力于其广结书友、画友、印友及其游历各地，使其视野更加开阔。

　　从尔雅先生所留下的印脱分析，其治印使用文字形体多样，不囿于一体，有甲骨文、金文、古玺文、缪篆、虫鸟书、汉碑额、汉魏六朝石刻文字、砖瓦文字、八分书、西夏文、满文、苗文、高丽文、隶书、草书、楷书等等。在多样的字体中，其治印刀法多以黄牧甫篆刻的"薄刃浅冲"刀法，使所刻的线边光洁挺劲，秀峻灵动；印的边栏与印文相互呼应，和谐结合，使印透出自我的意境。一种似汉印风格的篆刻同样同"冲刀法"，但其所表现的与黄牧甫的刀法有别。如"何况老奴"印、"莞尔"印、"待从头收拾旧山河"印、"秋石方士"印[9]等汉印风格的作品，乃采用明末时期汪关的冲刀法。用双刃刻刀，刻刀入石深浅适当，不深也不浅，使所刻的线条圆润秀劲，与汉印风格无异。另外还有一种用单刀的"单刀法"（亦称作"切玉法"）。如"五羊少年"印、"呼马马雁"印、"雨雪"印[10]。所刻线条苍劲有力，圆转畅顺，最能表现篆刻艺术的功力。

　　在我们今天所看到的尔雅先生篆刻印谱，其构图别具一帜。尔雅先生对黄牧甫的篆刻布白极具推崇，"布白几何入三昧"[11]即是。而尔雅先生亦喜以"几何"布白入印，使在平正中求变化。如"炳坤私玺"印、"岑"、"己"亚字印、"旁白"亚字印、"公之治"印、"朱明布衣"印[12]等，特别是其自用印"尔雅"印[13]，在5个斜"十"字形成20个三角形，再加上一个圆圈和一个直角直线，使印面在看似刻板中发生突变；给人视觉冲击，看后印象深刻，难以忘怀。

图三 原钤剪贴本《黄牧甫印谱》扉页容庚先生的两次题字

图四 原钤剪贴本《黄牧甫印谱》扉页容庚先生的题字

图五 原钤剪贴本《黄牧甫印谱》内容庚先生的考证文字

《邓尔雅篆刻集》一书收录了尔雅先生2372枚印脱；其中"万千"两字印有30枚之多，但每个印的面貌或文字字体各不相同。从这一点可见尔雅先生的文字学、书法、美术学等的深厚功力，他并将几方面的涵养、修为融合在一起，表现出一种自我、清新、挺秀峻雅的面貌。

在读印谱领略尔雅先生篆刻艺术之余，笔者有幸收藏到尔雅先生所刻的"左琴右书"印原石一枚[14]，从印面所留下的墨痕用放大镜察看，其治印过程大致是先篆写印稿，拷贝上石，动刀刻印，打墨上印面审视结果，后打印泥钤盖，最后刻边款。这一个治印操作过程，对一个治印大家来说还是哪样一丝不苟。实在令后人敬佩。另从友人处借得尔雅先生刻给其五女邓悦的"花之佳友"印原石一枚[15]，细观二方石印的边款，皆以薄刃单刀刻成，与黄牧甫的边款刻法大致无异，所不同的是边款文字的风格。

在阅读《邓尔雅篆刻集》之前，余常翻阅容庚教授赠与先师梁扶冲先生的《黄牧甫印谱》。该印谱为容庚教授1921年得于广州的印脱，在北上京城时（1935）剪贴装钉成册，其中一枚印脱经容庚教授考证为尔雅先生所刻。可见当时尔雅先生在篆刻艺术上的水平与黄牧甫无异，如不是亲属或身旁的学生辨析考证，旁人哪能分辨？而在绘画、文字考证、视野的开阔等，特别是六朝造像文字入印、西夏文字入印、满族文字入印乃至苗文、高丽文入印等均为黄牧甫所不及的。

东莞的篆刻，较早的有明初罗亨信墓葬出土的"都御史章"、"永乐第一科进士"双面石印，清后期"可园"主人张敬修等人的篆刻，民国时期尔雅先生篆刻艺术形成自我风格、面貌，深厚的文字学底蕴使其篆刻所使用的文字多样化；利用美术的良好基拙，充分运用几何美学于篆刻的布白中；对书法与篆刻关系的深刻理解，使其篆刻的文字表现具有书法之美。所以说，邓尔雅先生的篆刻艺术水平是岭南篆刻继黄牧甫之后的另一个高峰。正如其治印诗中所论说的那样，"作字如治印，治印如作字，腕下著以沈，书契原一事"、"上追甲金石，旁及陶瓦砖，三代同风气，印人所以传"、"大巧浑如拙，小学必先通，俗伧不识字，捉刀非英雄"。

辛卯夏于煮枣堂

注 释

[1][2] 黄大德编：《邓尔雅篆刻集》，荣宝斋出版社，2004年，第120页"大好江山"印、"江流有声断岸千尺"印。

[3] 黄大德编：《邓尔雅篆刻集》，荣宝斋出版社，2004年，第110页"读万卷书行万里路"印。

[4] 黄小庚：《邓斋印赏》，岭南美术出版社，1988年，自序。

[5] 广东文徵编印委员会：《广东文徵续编》，加利福尼亚大学，1986年。

[6] 黄小庚：《邓斋印赏》，岭南美术出版社，1988年。

[7] 容庚：《金文编》，中华书局，1985年，容庚自序。

[8] 黄小庚：《邓斋印赏》，岭南美术出版社，1988年。

[9] 黄大德编：《邓尔雅篆刻集》，荣宝斋出版社，2004年，第101、106、107、133页。

[10] 黄大德编：《邓尔雅篆刻集》，荣宝斋出版社，2004年，第86、60、153页。

[11] 容庚编：《黄牧甫印谱》线装原钤本，1935年成书。

[12] 黄大德编：《邓尔雅篆刻集》，荣宝斋出版社，2004年，第10、51、66、95、101页。

[13] 黄大德编：《邓尔雅篆刻集》，荣宝斋出版社，2004年，第132页。

[14] 黄大德编：《邓尔雅篆刻集》，荣宝斋出版社，2004年，第119页。

[15] 黄大德编：《邓尔雅篆刻集》，荣宝斋出版社，2004年，第282页。

（作者单位：广东省文物鉴定站）

后 记

金银铜铁锡，竹木牙角石。

都云藏者痴，谁解其中味？

文房厅堂的雅玩摆件、衣食住行的配饰用具、烟酒茶药的饮具器皿……，有的典雅古朴，有的端庄富丽，有的小巧玲珑，有的洒脱传神。古玩杂件浩如烟海，其品类之多，内容之繁，涉猎之广，是陶瓷、玉器、书画等大类收藏所不能比拟的。

这些精美之器，既集中反映了中国古代手工艺的风貌和水平，又体现当时人们的审美倾向与社会追求。无论是官方或是民间，手艺人的技艺习性，无不蕴含着数千年中国文化艺术珍品所折射出的璀璨光彩与生活智慧。可以说，古玩杂件是最能广泛代表和体现上至皇家贵族，下至草根百姓的多元化文化特征，往往充满玄机、趣味横生。也难怪古今"藏者痴"，难解"其中味"了。

《东莞市博物馆藏艺珍》收录了我馆所藏的从南汉至民国各历史时期的艺术珍品共82件套，它们制作精美，工艺精湛，向人们展示了华夏艺珍的无穷魅力。在编撰的过程中，为确保图书的真实性、观赏性、权威性，所录文物均通过专家严格把关，年代明确；图片由国内知名文物摄影师拍摄，此外我们还约请国内知名专家撰写论文，力争使之成为一本图文并茂、内容丰富的专业书籍。

故宫博物院漆器珐琅器鉴定专家夏更起老师、广东省文物鉴定站杂项鉴定专家潘鸣皋先生、文物出版社孙之常先生、可园博物馆蔡丽芬女士等同仁，在文物的鉴选、鉴定和拍摄的过程中，他们不辞辛劳，兢兢业业，花费了很多宝贵的时间和精力，使本书能够顺利出版，在此深表谢意。

由于我们的研究水平与能力有限，书中难免有错漏，不当之处，敬请指正。

东莞市博物馆馆长　娄欣利

摄　　影：孙之常
装帧设计：李　红
责任编辑：李　红
　　　　　张征雁
责任印制：张　丽

图书在版编目（CIP）数据

东莞市博物馆藏艺珍／东莞市博物馆编. —北京：
文物出版社，2011.11
　（东莞市博物馆丛书）
　ISBN 978-7-5010-3302-7

　Ⅰ．①东…　Ⅱ．①东…　Ⅲ．①博物馆-历史文物-东莞
市　Ⅳ．①K872.653

　中国版本图书馆CIP数据核字（2011）第224121号

东莞市博物馆藏艺珍

编　　者　东莞市博物馆
出版发行　文物出版社
地　　址　北京市东直门内北小街2号楼
邮　　编　100007
网　　址　www.wenwu.com
邮　　箱　web@wemwu.com
印　　制　北京雅昌彩色印刷有限公司
经　　销　新华书店
开　　本　889×1194　1/16
印　　张　11.25
版　　次　2011年11月第1版
印　　次　2011年11月第1次印刷
书　　号　ISBN 978-7-5010-3302-7
定　　价　260.00元